# Je ne mangerai plus de cerises en hiver…

Du même auteur

*La Double Rupture*, Economica, 1982.
*La Tentation de Venise*, Grasset, 1993.
*Entre nous*, NiL éditions, 1996.
*Montesquieu, le moderne*, Perrin, 1999.
*Entre quatre z'yeux* (avec Serge July), Grasset, 2001.
*France, mon pays : lettres d'un voyageur*, Robert Laffont, 2006.

Alain JUPPÉ

# Je ne mangerai plus de cerises en hiver…

Plon
www.plon.fr

ISBN : 978-2-259-20333-3

1995-2008 : je viens de vivre des années tourmentées, au parcours labyrinthique, sous le feu des médias. J'ai eu envie de refaire le chemin et d'oser dire ce que j'ai longtemps tu.

Les hauts et les bas de la politique, d'une dissolution malencontreuse à la fondation du grand parti moderne dont je rêvais depuis longtemps.

Mon chemin de croix judiciaire, l'épreuve humiliante de deux procès, faite pour briser.

Les joies et les peines privées, la mort du père, puis celle de la mère, l'émerveillement de voir grandir les enfants, la douceur de l'exil propice aux retrouvailles familiales.

L'espoir d'un nouveau combat, pour la Terre et pour les hommes, d'abord nourri par la confiance des Bordelais, puis brutalement interrompu par les aléas du suffrage universel.

Ai-je trouvé la sortie du labyrinthe ? J'ai en tout cas le sentiment de tenir mon fil d'Ariane, celui de l'amour partagé, le seul qui donne du goût à la vie.

# Prélude amoureux

Qui mieux qu'Isabelle pouvait sentir et comprendre ce qui se passait en moi, au fil des heures de mes procès ? En relisant les lignes qu'elle a écrites sous le choc de l'émotion, le soir même de la dernière audience de la cour d'appel de Versailles, je me retrouve dans l'œil du cyclone : tout s'effondre autour de nous, mais nous deux, nous tenons bon.

« Il est plus de 20 heures en ce dernier vendredi soir d'octobre 2004. La nuit est déjà tombée sur Versailles. Votre premier et seul sourire de la journée sera pour lui. Pour ce vieux monsieur digne et fier de quatre-vingt-trois ans qui s'approche de la barre et vous remercie, madame la présidente, de lui donner le droit une dernière fois de se défendre. Vous l'interrompez pour lui rappeler, avec un sourire fugace qui éclaire votre visage éteint pendant toute l'audience : « Mais c'est le code de procédure pénale, monsieur ! »

Il veut vous dire qu'il est en train de vivre les heures les plus tragiques de sa vie, que si la cour d'appel suit les réquisitions du procureur général, il ne pourra plus demain s'asseoir à la table du conseil municipal de Troyes, sa ville chérie depuis plus de trente ans, et, ce qui lui semble plus grave encore, qu'il ne pourra pas, le 18 juin prochain, gravir le mont Valérien comme chaque année depuis plus de cinquante ans ni porter la médaille de compagnon de la Libération que lui a remise le général de Gaulle, puisque sa condamnation entraînera la perte de ses droits civiques.

Robert Galley, ancien ministre, s'est tu Vous ne bronchez pas.

Au suivant...

Il faisait beau dehors lorsque nous sommes arrivés à Versailles, en début d'après-midi, pour la dernière audience du procès des emplois fictifs du RPR.

Trois mercredis, trois jeudis, trois vendredis après-midi. Je suis venue assister à l'ultime représentation de cette pièce judiciaire tant commentée par la critique en cet automne 2004. Fondue dans le public, aux côtés de l'épouse d'un des avocats d'Alain, qui a le trac lui aussi avant d'entrer en scène.

La pendule électronique verte clignote sur le mur du fond, seul élément mobile de ce décor étrangement figé. Propre, net, presque aseptisé. Devant le public, assis sur des bancs en bois, six chaises serrées deux par deux attendent les prévenus. Au milieu d'une sorte de no man's land qui sépare la plèbe de la Justice, incongrue en acier alors que je l'imaginais en bois vernis comme dans les films américains, la « barre » trône, telle une balustrade en demi-cercle à la proue d'un navire. Devant, surélevé, un long bureau attend les juges. Rien dans cette moderne 3e chambre de la cour d'appel de

Versailles ne semble rappeler l'histoire de ces lieux qui abritaient les écuries du château. Juste les pavés de la cour, peut-être, dehors.

*14 h 10*

Une sonnerie stridente retentit. Tout s'emballe. L'huissier crie : « La cour! » Fin de la récré. Les conversations se taisent. Les accusés, qui étaient assis sur le premier banc du public et papotaient comme tout le monde, se lèvent les premiers. Depuis neuf jours, ils connaissent les règles du jeu par cœur. Et tout le monde suit. Public compris. Moi aussi. Comme à la messe, pour l'Evangile, comme à l'école, quand la directrice rentrait tout à trac dans la classe, ou comme à la fin des meetings RPR, pour chanter *La Marseillaise*.

La présidente fait son entrée, dans sa robe noire à jabot blanc, suivie de ses trois conseillers, deux femmes et un homme. Je découvre la magistrate qui a déjà passé huit demi-journées avec l'homme dont je partage la vie depuis treize ans. Elle s'assoit exactement en face de moi. Une dizaine de mètres nous séparent. Je lui donne une cinquantaine d'années. Elle est jolie, fine et distinguée, avec des cheveux blonds qui encadrent un visage volontaire et bien dessiné.

« L'audience reprend, vous pouvez vous asseoir. » Elle parle d'abord d'autre chose, d'un arrêt à rendre sur une autre affaire, puis, sans transition, enchaîne : « Les prévenus peuvent approcher. » Les prévenus ? J'écarquille les yeux. Dans un ballet bien réglé, les « six prévenus » ont quitté leur banc pour prendre place sur les six chaises, en rang par deux.

La parole est à la défense de Patrick Stéfanini. Son avocat se lève et s'approche du pupitre, tout près de son « client ». Il va parler, avec brio, pendant près d'une heure et demie. Comme le feront ensuite les avocats d'Alain.

Comme cela doit être étrange d'entendre son éloge de son vivant. Etrange ou plutôt dérangeant. En général, c'est lorsque les gens meurent qu'on leur tresse des couronnes de laurier. J'ai déjà eu l'impression très nette qu'Alain était mort une première fois. C'était le 30 janvier 2004. Blottie contre lui dans cet hôtel de Normandie où nous nous étions réfugiés après la « sentence » de Nanterre, j'avais regardé les journaux télévisés de 20 heures où TF1 et France 2 rivalisaient de superlatifs pour tisser la nécrologie du « meilleur d'entre nous ». Toute sa carrière était retracée avec force images, photos, documents. De sa première rencontre avec Jacques Chirac jusqu'à la mairie de Bordeaux, en passant par le ministère du Budget, le Quai d'Orsay, Matignon et la dissolution, la bobine de la vie d'Alain, coupée net par le jugement du tribunal, se déroulait ce soir-là sous les yeux de millions de Français. A côté de moi, il était pourtant bien vivant !

Neuf mois plus tard, la présidente écoute consciencieusement la première plaidoirie de l'après-midi. Je la regarde. Elle regarde Alain que je ne vois que de dos.

Que pensait-elle de lui, avant ? Avant le procès, veux-je dire. Elle avait bien un avis. Lui n'avait jamais entendu parler d'elle, certes, mais elle, si, forcément. Appartenait-il à ses yeux à la race des hommes politiques tous pourris si chère à nos concitoyens, avait-elle, au contraire, de l'estime pour l'homme ou ses idées, un début d'admiration peut-être ? Comme tout le monde, elle a dû lire la presse, regarder la télévision, écouter la radio. Les adjectifs qui collent au nom d'Alain sont forcément inscrits dans son esprit : froid, hautain, intelligent, arrogant, raide, sec, maladroit, fidèle, droit dans ses bottes... Quel effet cela fait-il, trois semaines durant, de l'avoir sous sa coupe, à ses pieds puisque la disposition des lieux fait qu'elle est juchée sur son estrade et qu'il est lui en bas, soit sur sa chaise de prévenu, soit debout « à la barre » quand elle lance : « Monsieur Juppé, approchez-vous ! » ?

Je scrute son visage, mais ne vois rien. Qu'elle se rassure, ses jolis traits ne trahissent aucune émotion !

Je pense au sable que je foulerai dans quelques jours avec Alain. Où ? Mystère... il veut me faire la surprise. L'eau, le silence, la liberté. Les longues marches sur la plage à refaire le monde. Loin de ce tumulte, loin de cette meute de photographes qui n'ont cessé de le « flasher » quand il sortait de sa voiture, loin de ces heures pénibles d'interrogatoire dont il ne veut pas parler le soir en rentrant à la maison.

*14 h 48*

Branle-bas de combat. La présidente a bougé. Elle vient de poser fugitivement sa main droite sur sa joue. Puis elle a doucement penché la tête, pour la reposer sur cette main, dévoilant au passage un tout petit bout de pull rose pâle sous la robe noire, comme un aveu de douceur dans un monde de brutes.

Je me suis de nouveau un instant évadée dans mes pensées. Et vous, madame, à quoi pensez-vous ? Êtes-vous attentive au moindre mot des avocats qui se succèdent à vos pieds ? Vous le semblez. Vous avez un simple stylo Bic bleu, si j'en crois le capuchon de plastique, et vous écrivez beaucoup. Est-ce pour vous donner une contenance ? Il n'est jamais très facile de rester les mains vides et immobiles, c'est comme la cigarette, c'est souvent juste pour se donner une contenance. Est-ce pour éviter de tapoter sur la table avec le bout des doigts en signe d'impatience, comme Alain, lui, ne sait pas s'en empêcher parfois ? Ce dossier, vous devez le connaître par cœur à la fin ! Cela fait trois semaines que ça dure, vous avez dû passer une partie de votre été à le potasser, alors peut-être êtes-vous un peu lasse ?

Mais peut-être que non, après tout. Peut-être votre intérêt est-il intact ? Peut-être écrivez-vous pour relire ensuite toutes vos notes, les analyser, les soupeser, les comparer avec celles que vous avez prises pendant le réquisitoire ? Il paraît que tout au long de ces trois semaines de débats, c'est vous et vous seule qui avez parlé, interrogé, mis sur le gril les prévenus. Contrairement au tribunal de Nanterre où, en première instance, les différents juges s'étaient réparti la tâche.

Vous écrivez, vous écrivez, les avocats doivent y voir un bon signe. Tout n'est pas joué puisque vous prenez des notes, c'est donc que vous jugez digne d'intérêt ce qui est en train d'être dit. A moins que vous n'écriviez une liste de courses à faire pendant le week-end, et qui vous passe par la tête à ce moment précis ? Personne ne peut lire ce que vous écrivez, juste votre voisine de droite peut-être, mais c'est une statue. Demain, c'est samedi, passer au pressing récupérer le pantalon de mon mari, faire le plein de céréales, ne pas oublier les pâtes et le parmesan pour le dîner en famille de dimanche soir...

Votre religion est-elle faite, madame ? L'avocat général vous a-t-il totalement convaincue mercredi dernier ? L'étiez-vous avant même le début de ce procès en appel ? Etes-vous, au contraire, comme une page vierge sur laquelle vont s'imprimer les arguments des avocats de la défense ? Votre Bic est impénétrable !

A vrai dire, il y a d'autres circonstances que la mort où l'on dresse aussi la carrière de l'impétrant, devant un parterre d'amis ou d'admirateurs en général. Ce sont les cérémonies de décoration, Légion d'honneur, Mérite national, Arts et Lettres, palmes académiques et que sais-je encore... Finalement, je préfère quand les gens sont morts, cela a plus d'allure que lorsque l'encensé est là, à se dandiner d'un pied sur l'autre, sous la pluie de compliments qui s'abat sur lui, en essayant de se faire tout modeste alors que son ego est gonflé à bloc. Dans ces circonstances, le rôle de l'encensoir est plus confortable. Alain a souvent épinglé les insignes du Mérite, qu'il a « gagné » lors de son passage à Matignon, en vertu d'une tradition qui veut que soit remis au locataire de ces lieux, dès le sixième mois de fonction, le petit bouton bleu censé adoucir les difficultés de ce métier si méritoire. Saviez-vous, madame, qu'en février dernier, au lendemain de sa première condamnation, l'ordre national du Mérite a fait savoir à Alain qu'il n'en était plus digne et l'a donc privé de la possibilité de décorer tous ceux qui, nommés dans l'ordre, souhaitaient que cette distinction leur soit remise par lui ?

Le jeune et brillant avocat de Patrick Stéfanini a terminé sa plaidoirie. La présidente, royale, accorde une pause... « jusqu'à 16 h 15 ». Et disparaît dans les coulisses, flanquée de ses adjoints. Le public doit sortir. Les policiers vérifient que tout le monde est bien dehors, ils me permettent cependant de rester dans la salle pour m'éviter de croiser les journalistes. A mon arrivée, pourtant discrète, quelques minutes après Alain, leurs caméras ne m'ont pas épargnée. Les policiers, prévenants, m'ont ensuite fait passer par une porte dérobée pour éviter la meute. L'un d'entre eux va même me chercher une bouteille d'eau. Ils se mettent en quatre pour nous être agréables. Ce sont des attentions et des sourires que l'on n'oublie pas. Alain a un besoin naturel à satisfaire. Il s'éclipse. Aussitôt un jeune policier lui emboîte le pas. Et s'il s'évadait... Enfin un peu d'action pour les journalistes qui ont l'air de s'ennuyer ferme. Il est vrai que depuis trois semaines... J'imagine la dépêche de l'AFP : « Versailles 29 octobre 15 h 50. Profitant d'une interruption de séance, Alain Juppé, faisant croire qu'il va pisser, en profite pour se faire la belle. »

*16 h 16*

La séance reprend : « La parole est au bâtonnier Farthouat. » Celui-ci ouvre sa plaidoirie en évoquant les raclements de gorge et les toussotements d'Alain lors d'une audience précédente, qui, comme chacun de ses mots et chacun de ses gestes, continuent à être mentionnés, disséqués, interprétés, commentés par la presse. Ah, les fameux toussotements... La journaliste du *Monde* qui est à quelques bancs derrière moi en a parlé à trois reprises, la semaine dernière, dans le même papier. Aucune erreur dans les faits. Il a bien dû tousser trois fois. Peut-être même cinq ou six, c'est un tic ou une allergie depuis plusieurs mois. Toujours est-il qu'elle les a évoqués comme le signe certain d'une faiblesse, voire d'un malaise, bref d'une culpabilité tangible... Elle terminait son article en notant, sans fioriture : « Alain Juppé quitte le tribunal en avance car il a appris le décès de sa mère – entre parenthèses quatre-vingt-quatorze ans –, décédée la nuit dernière. »

*17 h 46*

Passage de relais. La parole est à maître Szpiner, qui se lance dans une plaidoirie vibrante et passionnée.

Que se passe-t-il au-delà de ces murs à cet instant précis ? Nous sommes coupés du monde.

Je regarde Alain. Je le vois de dos. A côté de Patrick Stéfanini. Une vraie affinité unit les deux hommes, un respect mutuel, une calvitie commune...

Alain va rester immobile, assis sur sa chaise, pendant près de six heures ! A écouter les autres parler de lui. Y a-t-il eu dans sa vie, en tout cas depuis que je le connais, d'autres circonstances où il est resté ainsi six heures d'affilée, immobile et muet, à écouter les autres ? Je suis sûre que non, seuls les beaux spectacles, les pièces de théâtre ou les opéras sont capables de fixer aussi longtemps son attention, son émotion, son recueillement.

Mais là... Peut-être fait-il comme moi après tout, laisse-t-il vagabonder ses pensées loin, très loin de la salle d'audience, et, les yeux fixés sur ses interlocuteurs, regarde-t-il en fait au fond de lui les images de tout ce qu'il a construit, ou de ce qu'il échafaude pour demain, une fois que tout cela sera fini ?

Je le regarde sans bouger moi non plus, comme si un fil invisible de tous reliait nos pensées, nos regrets, et nos rêves pour demain. En quoi les yeux de l'amour seraient-ils moins justes que ceux de la haine, de la jalousie ou de l'indifférence ?

Un petit homme détonne totalement dans le paysage. Les cheveux frisés noirs, un petit collier de barbe, en pull et non en costume ni en robe, il a l'air de beaucoup s'amuser. J'ai mis un peu de temps à le repérer. Il tient en main crayons et mines, un grand carton plein de feuilles de dessin. Son fusain court sans cesse, ses yeux vont de haut en bas, des personnages au papier. Il ne s'arrête pas. Il croque. Que pense-t-il de son modèle du jour ?

Maître Szpiner a terminé. Il est vidé. C'était une belle plaidoirie. La présidente hésite un instant puis, au bâtonnier Tonnet qui se lève pour prendre son tour, le dernier de la journée, demande s'il en a pour longtemps et, si oui, si l'on peut s'accorder une ultime petite pause ? Il répond que ses confrères ont déjà beaucoup parlé, mais qu'il souhaite quand même ajouter quelques éléments. La présidente acquiesce et offre une nouvelle pause à tout le monde, mais de dix minutes seulement.

La sonnerie a retenti. L'heure, c'est l'heure, la présidente fait un signe à l'avocat bordelais pour qu'il s'élance à son tour dans l'arène. Tant pis pour les retardataires ! « La parole est à maître Tonnet. »

Le dernier avocat d'Alain choisit d'emblée le registre de l'histoire d'un homme. Au bout de quelques minutes, il s'interrompt, se tourne sur sa gauche, semble chercher quelque chose, un papier, un verre d'eau ? Et s'écroule sur son siège !

Branle-bas de combat.

Sa chute dynamite la cour. La présidente est déjà debout. C'est la panique, la pagaille. Il faut appeler les pompiers, le Samu, un médecin. Les policiers hésitent. Font évacuer la salle. Un souffle d'humanité balaie tout à coup l'atmosphère. Il fait si chaud. La tension est perceptible depuis le début de l'après-midi...

Que ferez-vous ce soir, madame la présidente ? Nous avions prévu Alain et moi d'aller au cinéma. Voir *Un long dimanche de fiançailles*. Mais finalement il est trop tard, nous avons loupé la séance de 20 heures, et je connais Alain, je sais qu'il aura faim. Il y a peu de choses dans la vie qui lui coupent l'appétit. Nous irons donc demain.

Et vous, que ferez-vous ce soir ? Comment allez-vous fêter la fin de ce procès, puisque pour vous aussi, ce soir, c'est une page qui se tourne, un peu. Jusqu'au délibéré. Quels sont vos plats favoris ? Etes-vous gourmande ? Etes-vous au régime pour garder votre ligne, car même si je ne vous vois qu'en buste derrière votre bureau, je vous imagine mince ? Aimez- vous le bon vin, le bordeaux peut-être ? Mais peut-être ne buvez-vous que de l'eau, êtes-vous végétarienne ? Ou au contraire êtes-vous une bonne vivante, comme Alain, qui adore boire, manger, rire... ?

La séance reprend. La rumeur court entre les rangs du public. Il paraît que la présidente est venue voir maître Tonnet dans le petit bureau où le médecin l'examinait et qu'elle lui a interdit de remettre sa cravate ! La présidente prend la parole et s'adresse à maître Tonnet : « Je voudrais que vous plaidiez assis et au micro. » L'avocat l'écoute, se lève et plaide debout, sans micro.

Séquence émotion.

J'ai l'impression, madame, que tout à l'heure nos yeux se sont croisés. C'est au moment où, juste avant son malaise, le bâtonnier Tonnet a dit qu'Alain Juppé était aussi un époux et un père. Peut-être ai-je rêvé, mais j'ai cru que votre regard très noir balayait les bancs du public pour s'arrêter sur le mien quelques millièmes de seconde. Mais peut-être me suis-je trompée...

Ce sera la dernière scène. Vous allez donner la parole une dernière fois à chaque prévenu et je sens que ce sera dur pour lui, très dur, d'être obligé de décliner son identité, comme un délinquant ordinaire. Il le fait comme il vit, consciencieux et digne.

Je suis fière de lui, fière de sa droiture, de sa fidélité.

Il ne sait pas que ce matin sur Internet, en tombant par hasard sur un forum du *Nouvel Observateur* consacré à l'affaire, je suis restée sidérée par la litanie de commentaires haineux : « Au trou Juppé »... Et celui-ci aussi, signé « poum poum » de Lille : « Cet homme mérite d'être puni comme il se doit. Dix ans d'inéligibilité minimum. Surtout qu'il est mouillé dans plusieurs affaires plutôt obscures. Sous le régime de Saddam Hussein, il aurait été condamné à mort. »

Ma pensée s'envole, je repense au premier procès, où il n'avait pas voulu que je vienne. Et à ce jour de tumulte du vendredi 30 janvier 2004, jour du verdict, du « Vous avez trompé la confiance du peuple français », ces mots qui l'ont tellement plus blessé que la peine elle-même. C'est pourquoi j'ai tenu à être là aujourd'hui et je reviendrai pour le verdict.

Très vite, avant de vous lever, comme s'il s'agissait d'un détail anodin, vous avez, madame la présidente, lâché le « scoop » de la journée, la date du jugement. Vous l'aviez sans doute décidée depuis longtemps, mais vous teniez l'information secrète La presse parlait de fin décembre ou du début d'année 2005, les avocats d'Alain n'étaient pas plus informés. « Le délibéré sera rendu le 1er décembre à 14 heures dans une autre salle. » Et vous avez tourné les talons.

Le spectacle était terminé. »

Vendredi 29 octobre 2004
Isabelle JUPPÉ

# 1

# L'enfer de Matignon ?

2 juin 1997, hôtel de Matignon.

Je ne me souviens plus du temps qu'il faisait. Gris dans mon cœur en tout cas. La veille, la majorité a perdu les élections législatives qui ont suivi la dissolution de l'Assemblée nationale du 21 avril. Je viens de remettre ma démission au président de la République. Comme toujours, m'a-t-il dit, il a pleine confiance dans mon avenir...

Les collaborateurs des services du Premier ministre sont massés dans la cour. Ils m'applaudissent chaleureusement quand je sors sur le perron, après l'entretien traditionnel de passation des pouvoirs que je viens d'avoir avec mon successeur, Lionel Jospin. Entretien court et sans chaleur. Je lui ai remis une brève note qui fait le point de la situation budgétaire, financière et économique du pays. Avant, après : chiffres à l'appui, j'y montre l'amélioration des comptes publics, sans dissimuler la difficulté du chemin qui reste à parcourir pour qualifier complètement la France à l'euro. Il s'est bien gardé de réagir. Nous avons échangé quelques propos de circonstance. Sur Matignon, ses joies, ses peines, sur la pluie et le beau temps politiques. Sans plus. Le courant n'est jamais passé entre nous. Sans doute le souvenir de nos affrontements électoraux dans le XVIIIe arrondissement de Paris... Je le trouve rigide, sectaire, sans humour. C'est un des rares hommes politiques, avec Arnaud Montebourg, qui m'aient traîné dans la boue judiciaire. Jusqu'à Bordeaux, pendant la campagne municipale de 2008 où, dans les colonnes du journal *Sud-Ouest*, il crut aider mon adversaire en m'épinglant méchamment. Je suis heureux de descendre les marches du perron et de saluer de la main mes collaborateurs rassemblés. La page est tournée.

Onze ans plus tard, ai-je vraiment tourné la page ?

Dans ma tête, que je me l'avoue ou non, la même question lancinante rôde encore : pourquoi, comment me suis-je planté ?

J'arrivais tout auréolé de ma réussite incontestée au Quai d'Orsay, dans la lancée de la victoire de Jacques Chirac, jouissant d'une cote de popularité personnelle de 65 %... Au bout de deux ans, patatras ! Ma propre majorité me demandait, pour sauver les meubles entre les deux tours d'élections législatives bien compromises, d'annoncer que, même dans le cas d'une hypothétique victoire, je débarrasserais le plancher de Matignon !

Hôtel de Matignon... Nous avons vécu vingt mois environ dans cette maison, Isabelle et les trois enfants, Quentin, Charline et Clara.

Nous n'avions pas prévu de nous y installer. Isabelle se méfiait des ors de la République et du risque d'enfermement loin du monde réel. Nous avions envie de rester chez nous.

Mais la première tornade politique que nous eûmes à affronter au lendemain de ma nomination s'acheva sur un déménagement précipité. Isabelle, tout près d'accoucher, notre petite famille et moi nous vîmes dans l'obligation de quitter du jour au lendemain l'appartement que nous occupions rue Jacob. Depuis plusieurs années, nous étions locataires de la Ville de Paris, non point dans son parc HLM mais dans son domaine privé qui, lui, n'a rien de social. La presse et le procureur de Paris jugèrent notre loyer insuffisant et nous enjoignirent de déloger illico. Nous nous exécutâmes, sans demander notre reste. J'en avais pourtant gros sur la patate. Quelle faute avais-je donc commise ? Autour de moi, je voyais tant d'exemples de situations analogues ! Je m'étais même appliqué un loyer dans le haut de la fourchette habituellement pratiquée. Ma véritable erreur avait été d'attribuer un logement du même domaine à l'un de mes enfants. Et, c'est vrai, j'avais été moins exigeant pour fixer le montant de son loyer. J'avais réduit de mille francs le montant proposé par les services, comme il m'arrivait souvent de le faire en pareil cas. J'étais resté dans la norme, et même... j'avais en tête des arbitrages plus « compréhensifs » qui m'arrivaient du cabinet du maire, au profit de tel ou tel parlementaire. Bref, je ne pensais pas mal faire.

Avec son intuition coutumière, Isabelle me dit : « Aucun de tes arguments ne sera compris. Les Français, qui tirent le diable par la queue, se diront que, comme toujours, la France d'en haut (l'expression n'était pas encore en vogue) en prend à son aise. Et si tu ne t'en rends pas compte, c'est que tu es déjà coupé des réalités ! » Elle avait évidemment raison.

Personne, lorsque j'étais ministre des Affaires étrangères entre 1993 et 1995, n'avait rien trouvé à redire à ma situation (qui est toujours celle de plusieurs milliers d'occupants, lesquels continuent, dix ans plus tard, à vivre paisiblement dans ce domaine, comme on a pu s'en apercevoir lors du déclenchement d'affaires récentes). Quelques-uns des bons amis que je comptais à la Ville de Paris avaient attendu leur heure et la mienne. Avec le temps, je me dis que le coup était bien préparé et le moment soigneusement choisi.

Malgré les conseils de ma femme, je commis l'erreur de jouer les bravaches en allant m'expliquer au JT de TF1 : sûr de ma bonne foi, j'affirmai que je resterais « droit dans mes bottes ».

Telle la marque de ma rigidité naturelle et de ma congénitale arrogance, cette formule me colle encore à la peau dix ans plus tard.

Mme Alix Girod de l'Ain la cite, par exemple, dans le brillant exercice de style qu'elle signe dans le numéro du magazine *Elle* en date du 24 mars 2008, et qu'elle intitule : « Le nouveau sex-symbol est arrivé. Alain-Juppéise ton homme ! »

Et de commenter : « Oh, les filles, oh, oh ! Vous l'avez souvent vu, les Diesel tire-bouchonnés dans les tiags, le maire de Bordeaux ? »

Je résiste, sans trop d'efforts, à la tentation d'inviter ces dames à visiter ma garde-robe. J'ai pourtant fait l'acquisition d'une belle paire de santiags pour les besoins d'une « country party » au Canada...

Mais je m'interroge toujours sur l'effet de dévastation nucléaire que cette petite phrase a eu sur ma réputation... du moins auprès des gens sérieux, je veux parler des arbitres parisiens du politiquement « à la mode ».

Est-ce le mot « botte »? Bien sûr, il a une forte connotation militaire. Mais il y a aussi des bottes de cheval (encore un peu rigides), des bottes de ski (totalement indéformables, mais déjà plus ludiques), des bottes de marin (on entre cette fois dans le souple), voire des bottes de sept lieues (franchement poétiques).

Est-ce le mot « droit » ? J'admets qu'il puisse faire peur. Aller droit au but par exemple, c'est souvent entrer par effraction dans le doux cocon des habitudes ou des lâchetés. Mais ce qui n'est pas droit est gauche, non? C'est-à-dire maladroit ou tordu.

C'est peut-être alors la préposition « dans »... Etre « dans » le match, rester « dans » la course, croire « dans » son job, quelle arrogance! J'aurais dû, sans doute, me sentir et me dépeindre « à côté de mes pompes ». A quoi peut tenir un destin!

Je fis donc ce que j'aurais dû faire au Quai d'Orsay : je m'installai dans les locaux de la République, ce qui me permit de réaliser de substantielles économies sans que, sur ce point, ma réputation ait à en souffrir. Et Clara y vint au monde.

Nous fûmes heureux à Matignon. L'appartement était certes un peu juste pour deux adultes et trois enfants. Peu de Premiers ministres y avaient hébergé un bébé. Nous installâmes le berceau de Clara dans un petit vestibule attenant à notre chambre. Mais en fin de semaine, nous pouvions migrer vers la Lanterne, la belle résidence des Premiers ministres, en bordure du parc de Versailles, où je pouvais pratiquer mon jogging en toute tranquillité. Du moins lorsque je rentrais à temps de Bordeaux...

Je sais que ces arrangements immobiliers ulcèrent nos concitoyens, qui n'y voient que des privilèges d'un autre temps, peu compatibles avec les exigences d'une démocratie moderne. Soit. Je reste néanmoins convaincu que les charges de ceux qui gouvernent sont à ce point lourdes qu'il est non seulement légitime mais même nécessaire que des facilités de vie leur permettent de les remplir avec efficacité.

En tout cas, je veux dire combien le personnel affecté à la maison du Premier ministre mérite d'éloges : sa discrétion, sa compétence et plus encore son dévouement et sa disponibilité sont sans limites. Nous avons vécu avec eux et grâce à eux des moments de paix, à l'abri du tumulte de la vie extérieure. Ils savent combien nous leur en sommes tous reconnaissants. Dix ans après, nous échangeons encore des cartes de vœux amicales. Et nous ne nous lassons pas de contempler la photo de Clara faisant ses premiers pas de bébé entre deux gigantesques gardes républicains.

Laissons là les souvenirs familiaux.

Mes deux années à Matignon ont été, à l'évidence, les plus intenses de ma vie. Au risque de surprendre, voire de choquer, j'ajoute qu'elles m'ont aussi apporté beaucoup de bonheur. J'ai tenté d'en convaincre la journaliste Raphaëlle Bacqué qui a décrit avec talent, dans un livre récent, *L'Enfer de Matignon*[1]. Le meilleur argument est venu d'Edouard Balladur : connaît-on beaucoup de titu-

1. Raphaëlle Bacqué, *L'Enfer de Matignon*, Paris, Albin Michel, 2008.

laires du poste qui l'aient quitté de leur plein gré ? Chirac, peut-être, en 1976. Pour ma part, j'aurais volontiers continué...

Ma nomination en 1995 ne fut pas vraiment une surprise, même si, jusqu'au dernier moment, une partie de la presse en tenait pour Philippe Séguin. Ce dernier avait pris une part très active à la campagne du candidat Chirac. Il l'avait, dit-on, inspirée sur bien des thèmes, par exemple la « fracture sociale ».

Mais Jacques Chirac ne m'avait-il pas désigné, devant tous nos compagnons gaullistes, comme « le meilleur d'entre nous » ? Ce qui me devint plus tard tunique de Nessus m'habillait, en ces commencements, de la toge prétexte.

A vrai dire, je ne me préoccupais pas outre mesure de mon avenir immédiat. Je me sentais paisible, sûr de moi et de lui, bien qu'il ne m'ait jamais affirmé explicitement : « Ce sera vous. » Entre nous, c'était du registre du « non-dit ».

De mon côté, j'avais très tôt annoncé la couleur. Dès mon entrée au gouvernement d'Edouard Balladur, comme ministre des Affaires étrangères, je m'étais fixé une règle de conduite que je pensais claire : « Je serai loyal envers le Premier ministre et fidèle à Jacques Chirac. » Plus facile à dire qu'à faire, dans la pratique quotidienne ! Je ne m'en suis pas trop mal sorti, mais c'est une autre histoire.

En tout cas, dès la rentrée politique de septembre 1994, je pris mes responsabilités : à la tribune des universités d'été des jeunes du RPR, dont j'étais le secrétaire général, je lançai un appel à Chirac pour qu'il s'engage dans la bataille présidentielle et devienne le pilote de notre navire. C'était à

Bordeaux. Dans un geste d'enthousiasme irréfléchi, je saisis la main de mon voisin de tribune, Philippe Séguin, pour exhorter la foule qui nous acclamait.

Le lendemain, de Matignon, on me fit comprendre que j'en avais fait un peu trop.

Plus tard, l'idée s'est répandue que ma participation à la campagne électorale avait manqué d'intensité, voire de conviction.

Ce reproche me blesse et je le trouve infondé. Certes, j'ai battu les estrades moins que d'autres. Mais j'étais en charge de la diplomatie du pays, à un moment particulièrement sensible puisque la France assurait, tout au long du premier semestre 1995, la présidence de l'Union européenne. Je n'avais pas du tout l'intention de lever le pied. Je tenais au contraire à remplir pleinement ma mission. Dès les premiers jours de janvier, je commençai la traditionnelle tournée des capitales européennes, qui me prit beaucoup de temps. Puis les réunions à Bruxelles se multiplièrent : j'y fus au total plus présent qu'à Paris !

Ai-je douté, au plus bas des sondages ? Peut-être de la victoire... J'ai le souvenir d'un déjeuner de journalistes, en janvier, où les convives me perçaient de flèches : « Mais comment un homme intelligent comme vous peut-il encore y croire ? » Je ferraillais. Mais je peinais à argumenter.

En revanche, je n'ai jamais douté de mon choix ! Quel que fût le pronostic, je n'envisageai pas une seconde de changer de camp. Pourtant, les sirènes chantaient à mes oreilles : les deux Nicolas, un jour Bazire, le lendemain Sarkozy, me laissaient miroiter le poste suprême (au gouvernement, s'entend !) si Balladur était victorieux.

Rien, en tout cas, ne m'empêchait d'apporter mon aide à Jacques Chirac et à son équipe quand ils me le demandaient. Par exemple quand il fallait monter au créneau, au 20 heures de TF1, pour expliquer que les promesses de notre candidat ne menaçaient pas nos grands équilibres budgétaires ni la parité du franc. L'équipe Balladur n'hésitait pas à agiter l'épouvantail. La caution de « Juppé-le-sérieux » paraissait parfois utile pour faire contrepoids aux emballements lyriques de l'équipe Séguin-Madelin.

Il reste que, dans les derniers mois, je ne me suis pas vraiment préparé à la mise en forme du projet de gouvernement que j'allais devoir proposer à l'opinion et à ma majorité. Ni à la constitution de mon équipe ministérielle.

Le fol enthousiasme de la victoire prolongea ma période d'euphorique inconscience. Je revis, en écrivant ces lignes, les moments de bonheur que nous avons partagés devant le PC de campagne, avenue d'Iéna, vers 20 h 30, le soir du deuxième tour. Le résultat était connu. La foule s'amassait. Nous attendions l'arrivée de Jacques et Bernadette. J'étais au premier rang avec Séguin, Toubon, Madelin, beaucoup d'autres... Isabelle, enceinte de quatre mois, était à mes côtés. L'indescriptible bousculade faillit mal se terminer pour elle... et pour Clara !

Mais, une fois rassurés, avec quel sentiment de profonde plénitude avons-nous ressenti la joie de tous ceux qui espéraient cet accomplissement depuis deux décennies !

Très vite, je revins sur terre.

Bref répit le 8 mai : les deux présidents de la République, le sortant, Mitterrand, et l'entrant, Chirac, officièrent ensemble à l'Arc de triomphe.

Dès le lendemain, fini les réjouissances ! Jacques Chirac et moi commençâmes à gamberger pour choisir les membres du gouvernement. Quelques noms s'imposaient : Madelin, Bayrou, Toubon, Debré, Millon, Barrot et même, sur l'insistance du Président, Pons... Nous étions décidés à constituer une équipe ramassée. Souci d'efficacité et d'image : moins de ministres, des cabinets très peu nombreux, un train de vie ministériel modeste. Les bonnes intentions ne résistèrent pas longtemps au souci de dosages et d'équilibres de toutes sortes : entre les sexes, entre les diverses composantes de la majorité, entre les territoires, entre les âges... Un véritable casse-tête !

Ma nomination au poste de Premier ministre ne fut rendue publique que le 17 mai, une fois accomplie la passation de pouvoirs entre Mitterrand et Chirac, ce qui nous laissa plus d'une semaine pour procéder aux derniers ajustements. Toujours à la hausse, il faut bien le dire, le plus inflationniste étant souvent le Président lui-même. « Un ministre de plus, qu'importe, Alain ! Et cela fait tellement plaisir à l'intéressé ! » Finalement je me retrouvai avec 25 ministres, 2 ministres délégués et 14 secrétaires d'Etat. 41 membres dont 12 femmes. Soit une des proportions de femmes le plus élevées jamais enregistrées dans un gouvernement, à l'exception sans doute de celui de Michel Rocard. J'y avais personnellement veillé en « inventant » parfois des candidates venues de la société civile, dont le poids politique était encore inexistant. Ce qui fut à l'origine de quelques déboires sur lesquels je reviendrai. Dans le lot, peu de « balladuriens », Bayrou étant le plus voyant à mes yeux. Je me rendis compte plus tard que son « balladurisme » n'était pas, aux yeux des spécialistes, en acier inoxydable...

J'avais eu une autre idée : scinder les compétences sociales en plusieurs départements ministériels, de sorte que le ministre en charge exerce une autorité plus directe et plus forte sur des administrations moins pléthoriques. C'est ainsi que je voulus confier la Santé et l'Assurance maladie à Elisabeth Hubert, la Solidarité entre les générations à Colette Codaccioni, le Travail, le Dialogue social et la Participation à Jacques Barrot. Ce ne fut pas un coup de génie. Là où j'attendais de l'impulsion, je trouvai de la complication, et je dus, au premier remaniement, restructurer le secteur sous l'autorité du seul Jacques Barrot.

La rédaction de mon discours de politique générale me donna plus de fil à retordre.

J'aime bien écrire mes discours moi-même. Le plus souvent possible, je me contente d'un plan détaillé, qui me permet de laisser apparemment une large part à l'improvisation. Dans les circonstances un peu solennelles, ou lors des meetings où la foule est nombreuse, il vaut mieux tout écrire.

En l'espèce, et comme c'est l'habitude, je demandai à mon cabinet de me fournir, en liaison avec les principaux cabinets ministériels, du « grain à moudre ». Les contributions arrivèrent lentement... et longuement. En faire la synthèse fut un supplice. J'avais choisi le fil conducteur : l'emploi. Et j'essayai de ramener toutes les propositions, tous les engagements à ce fil rouge. Mais j'eus du mal à trier et à hiérarchiser. Je me comportais en bon élève qui voulait ne rien oublier et ne contrarier personne. Chirac m'encouragea et approuva. Le résultat fut un discours-fleuve, qui dura plus d'une heure et demie. Je mis tout mon enthousiasme à le prononcer du haut de la tribune de l'Assemblée nationale où l'orateur est pris en sandwich entre le président dont le fauteuil le surplombe (et c'était la lourde silhouette de Philippe Séguin qui se penchait sur moi pour me rappeler au respect de l'horaire !) et l'hémicycle qui ne tarde pas à s'agiter tant sur les bancs de l'opposition, qui prend bien sûr l'offensive, que sur ceux de la majorité qui riposte ou s'ennuie. Quand je sens mon public décrocher, laisser son esprit vagabonder et commencer à bavarder, c'est la spirale : j'accélère le débit, déjà trop rapide, je trébuche, je zappe, bref je deviens mauvais. J'ai terminé mon oraison en sueur et le cœur battant. Première manifestation de la cohésion de « ma » majorité : les petites phrases goguenardes de tel ou tel député, supposé ami, qui n'avaient cessé de ponctuer mes propos. N'aurais-je pas dû pousser Chirac à dissoudre ?

Sans le moindre répit, je me trouvai confronté à mes premières échéances. A commencer par la situation budgétaire. Alain Madelin, qui dirigeait Bercy, ne tarda pas à m'apporter de bien mauvaises nouvelles : les comptes publics dérapaient à la vitesse grand V, que ce soit le budget de l'Etat ou les comptes sociaux. Au total, les déficits cumulés frisaient les 6 % du PIB. Et Maastricht déjà nous imposait ses fameux critères. Certaines dépenses n'étaient pas financées, telle l'allocation de rentrée scolaire qui se chiffrait à plusieurs milliards de francs. Le gouverneur de la Banque de France faisait déjà mon siège. Il m'alertait sur la nervosité des « marchés ». Si un signal fort n'était pas donné dans les plus brefs délais, me disait-il, le franc allait être chahuté. Il fallait donc en catastrophe préparer une loi de finances rectificative. La commande que je passai à Madelin était simple, du moins dans son principe : couper dans les dépenses et trouver des recettes supplémentaires pour arrêter l'hémorragie.

Passer à l'acte fut une autre paire de manches.

Au fil des semaines, je m'impatientai. Rien de précis ne venait de Bercy. Trichet sonnait le tocsin. Il fallut précipiter le mouvement. J'en confiai le soin à Pierre Mathieu Duhamel qui, à mon cabinet, suivait les questions budgétaires, économiques et financières. J'avais confiance dans sa compétence et sa loyauté que j'avais éprouvées dix ans auparavant lorsque j'étais, aux côtés d'Edouard Balladur, ministre délégué chargé du Budget. Depuis lors, nous avions continué à travailler ensemble. La potion qu'il prépara était amère, tant du côté des économies que des augmentations d'impôts. Le cœur du dispositif était le relèvement de deux points du taux normal de la TVA qui passait de 18,6 à 20,6 %. Les entreprises étaient taxées d'une majoration, dite temporaire, de 10 % de l'impôt sur les sociétés. Pour n'oublier personne, j'acceptai la proposition du SLF (Service de la législation fiscale) de supprimer le mécanisme de plafonnement de l'impôt sur la fortune instauré par un précédent gouvernement socialiste. J'espérais ainsi échapper au procès en injustice sociale que, je le savais, la gauche allait instruire. Avis de tempête !

Pour faire passer la pilule, je qualifiai, devant les députés, la situation de « calamiteuse », ce qui était l'exacte vérité mais qui ne manqua pas d'attiser la vindicte des « balladuriens ».

Mais nous étions encore dans l'embellie qui suit toujours une élection présidentielle, et mon projet fut voté.

Trichet me manifesta sa satisfaction, me rassura sur la parité du franc et... ne baissa pas d'un centième de point des taux d'intérêt pourtant paralysants. La baisse, il est vrai, finit par s'amorcer, mais à tout petits pas et sur la longue durée. C'était du moins ma perception des choses.

Toucher à la TVA, c'est jouer avec le feu. On s'en est de nouveau aperçu entre les deux tours des élections législatives de juin 2007 : lancé par Jean-Louis Borloo sur les plateaux de télévision le soir du premier tour, entretenu par François Fillon dans les jours qui suivirent, le débat sur la TVA sociale, chère à Henri Guaino, fit perdre à l'UMP 2 à 3 points dans les intentions de vote et quelques dizaines de sièges de députés... dont le mien.

La TVA est impopulaire. Les économistes ont beau vanter ses mérites, notamment ses effets positifs sur nos échanges extérieurs (elle détaxe nos exportations et taxe nos importations !), ça ne passe pas. Visible sur chaque addition, sur chaque facture, elle est tenue pour responsable du niveau toujours trop élevé des prix. Proportionnelle et non progressive, elle est réputée injuste, plus lourde pour les petits budgets que pour les gros. Les calculs savants des fiscalistes qui tentent de relativiser cette idée largement répandue n'y changent rien. C'est dire que plaider pour la TVA « sociale » apparaît comme une provocation.

Je n'avais pas le choix. Un point de TVA « rapporte » beaucoup d'argent. Il en fallait énormément ! D'autant plus que, outre la réduction d'un déficit abyssal, il me fallait financer quelques dépenses nouvelles. Par exemple, le Contrat initiative emploi (CIE), dont Jacques Chirac avait fait, pendant sa campagne, une proposition phare pour lutter contre le chômage de longue durée. Fidèle soldat, je fis voter la mesure dans la foulée et les premiers contrats furent signés dès juillet.

Je voulais aussi poursuivre la baisse des charges sociales sur les bas salaires que mon prédécesseur avait engagée : ce fut la ristourne Balladur-Juppé qui permit, sur la durée, de créer plusieurs centaines de milliers d'emplois.

Hausse de la TVA, baisse des charges sociales... En somme, j'avais créé une sorte de TVA sociale sans le dire.

Pour essayer de contrebalancer l'effet négatif des hausses d'impôts et des coupes budgétaires, je décidai de donner un vigoureux coup de pouce au Smic : son augmentation en juillet fut la plus forte depuis quatorze ans, + 4 %, alors que les règles en vigueur aboutissaient à un relèvement légal de 1,8% seulement.

Cette initiative ne suffit pas à redorer mon blason ; elle me valut même une volée de bois vert des patrons de PME qui dénoncèrent l'alourdissement de leurs coûts salariaux.

On ne tarda pas à me reprocher d'avoir, en administrant à l'économie française un remède de cheval, cassé sa croissance et d'abord son principal moteur : la consommation.

Avec le recul, la sévérité de ce jugement me paraît excessive.

Certes, notre croissance, plombée par le retournement de conjoncture qui frappait l'Europe, tomba à 1,2 % en 1996. Mais l'assainissement de nos comptes publics permit de ramener les déficits au voisinage de 4 % dès la même année. Près de deux points de PIB en quelques mois ! Nous avancions à grands pas sur le chemin de la qualification à l'euro. En outre, nos taux d'intérêt, qui étaient sensiblement supérieurs aux taux allemands à mon arrivée, finirent, au début de 1997, par les rejoindre, voire passer légèrement sous leur niveau, ce qui témoignait d'un bon degré de confiance des marchés dans la politique économique suivie par la France. Quant aux perspectives de croissance, elles remontèrent, dès le premier trimestre 1997, à 2,5 % pour l'année en cours et 3 % pour 1998. Et l'économie française était clairement redevenue créatrice d'emplois.

Ce n'est pas sans une certaine impression de déjà-vu que j'observai les bonnes performances enregistrées en 1998 et 1999 sous le gouvernement Jospin. Le cycle que nous avions vécu en 1986-1990 se répétait : assainissement sous l'impulsion de l'équipe Chirac/Balladur à laquelle j'étais associé en tant que ministre délégué au Budget, échec aux élections de 1988, redémarrage de l'économie en 1988-1989 mis au crédit du gouvernement Rocard. L'histoire bégaie parfois.

J'avais néanmoins fait une bourde : par souci de n'épargner personne et de répartir équitablement les sacrifices, j'avais eu la main trop lourde sur l'ISF : non seulement je l'avais majoré de 10 %, mais j'avais fait supprimer le mécanisme de plafonnement qui empêchait de taxer un contribuable à plus de 100 % de ses revenus disponibles. Très vite, je m'aperçus qu'il fallait corriger le tir. J'organisai au Sénat, avec le président de la commission des finances et le rapporteur général du budget de la Haute Assemblée, comme on aime à dire au palais du Luxembourg, une petite opération rectificative : un amendement d'origine parlementaire rétablirait le plafonnement et le gouvernement ne s'y opposerait pas. Tout fonctionna parfaitement, jusqu'à la commission mixte paritaire Assemblée nationale / Sénat où la mesure fut refusée. Retour à la case départ ! J'appris plus tard que le zèle de quelques députés, notamment André Fanton, avait été chaudement encouragé par le président Séguin, non point pour me gêner – quel mauvais esprit aurait pu l'imaginer ? – mais, naturellement, pour préserver l'image sociale du gouvernement...

Au mois d'août, je pris des vacances. Il me vint une idée un peu saugrenue : je proposai à Isabelle de passer quelques jours à Hendaye, dans l'hôtel de Serge Blanco qui donne sur la plage. J'aime cette plage. J'y venais enfant, avec ma sœur Martine. Mes parents louaient le premier étage d'une maison toute proche. Chaque matin, nous nous précipitions au club Les Mouettes où nous rejoignions nos copains et les profs de gym qui nous encadraient tout au long de la journée. Jeux et baignades se succédaient. Maman avait choisi Hendaye car c'est la plage la plus sûre de la côte : point de « baïnes » ni de courants, vagues longues et paisibles courant sur une étendue de sable en pente douce. J'en garde des souvenirs de joies simples et intenses. Celui de ma première amourette par exemple, pour une jolie Chantal venue de Versailles. Je devais avoir sept ou huit ans et, naturellement, je n'osai pas lui déclarer ma flamme ! Le seul moment un peu rude de la journée était la leçon de natation, prise dans les eaux froides de la Bidassoa, le petit fleuve qui dessine la frontière entre la France et l'Espagne, entre Hendaye et Fuenterrabia. On dit aujourd'hui, en basque, Hondarribia. Maman, pourtant si mère poule, était inflexible : par tous les temps, soleil, vent, orage ou pluie, la leçon devait aller à son terme. Je me sens encore claquer des dents, chair de poule et frissons, devant le prof insensible dans ses hautes cuissardes de caoutchouc.

Voulais-je retrouver, inconsciemment, l'innocence et l'anonymat de l'enfance ?

Ce fut raté ! En plein mois d'août, sur une plage bondée, surveillé de près par une équipe de policiers discrets mais vigilants, au bras d'une Isabelle enceinte de sept mois, je ne passais pas inaperçu ! Mais les gens restaient pleins de retenue : un sourire juste ébauché ou franchement décidé, une poignée de main rapide, « on ne veut pas vous déranger... ». Ce n'était certes pas l'enthousiasme populaire. Je ne me souviens plus si ma cote de popularité avait déjà dévissé.

Peu importe. Nous étions amoureux et heureux.

La rentrée dans l'atmosphère parisienne fut turbulente et les quatre mois qui suivirent décisifs pour l'avenir de mon gouvernement. J'ai du mal à mettre de l'ordre dans les idées qui se bousculent dans ma tête, tant la période fut violente. Des noms émergent, qui incarnent autant de combats : Madelin, Blondel, Notat...

Certaines réformes s'enclenchèrent sans trop d'anicroches. Je convainquis François Fillon de prendre le risque de débloquer le dossier France

Télécom que Balladur avait laissé au point mort. Pour éviter un conflit social dur, nous donnâmes au personnel en activité la garantie de conserver son statut de fonctionnaire ; seules les nouvelles embauches se feraient sous un régime de droit privé. Michel Bon, dont je connaissais le talent, accepta, à ma demande, de piloter l'entreprise et réussit parfaitement la transition avant de subir, quelques années plus tard, les déboires que l'on sait. Je lui en reste très reconnaissant.

J'ai lu récemment, dans le livre déjà cité que Raphaëlle Bacqué a consacré aux locataires successifs de Matignon, qu'aux yeux de Fillon, ma gestion des ressources humaines gouvernementales, c'est-à-dire de mes ministres, était brutale : « Des décisions très abruptes et souvent, pour les ministres, le sentiment qu'ils n'avaient pas eu le temps de s'expliquer et de défendre leur position. » Il est vrai que je devais parfois bousculer les plus timorés. Fillon n'avait pas encore acquis la belle assurance qui est la sienne aujourd'hui.

C'était un bonheur de travailler avec Jean-Pierre Raffarin qui se passionnait pour les PME en général et les entreprises artisanales en particulier. Il s'entendait à merveille avec le flamboyant président de la CGPME, Lucien Rebuffel, et construisit avec lui un excellent plan intitulé « Plan PME pour la France ». La plupart des mesures annoncées furent mises en œuvre dans les mois qui suivirent, si bien qu'en avril 1997, pendant la campagne électorale des législatives, les seuls auditoires qui m'ovationnèrent, parfois debout, mais si ! mais si ! furent les patrons de PME.

Jean-Pierre eut, entre autres, deux idées sympathiques : célébrer, à travers tout le pays, la fête du pain en mobilisant les vrais boulangers de tradition, et inviter plusieurs intellectuels dont Emmanuel Le Roy Ladurie à haranguer les artisans lors de l'université d'été des métiers qu'il organisa dans le Marais poitevin. Le résultat fut étonnant et l'échange passionnant.

Charles Millon, ministre de la Défense, se mit aussi à la tâche avec beaucoup de sérieux. La reprise des essais nucléaires en juillet avait été gérée en direct par l'Elysée. Mais il fallait maintenant lancer une réforme majeure : la professionnalisation des armées à laquelle tenait le Président. Notre majorité n'y adhérait pas sans réticences. L'abandon de la conscription, en particulier, faisait débat. La suppression ou le regroupement de nombreuses unités ou sites dans les villes de garnison suscitait des oppositions vives de la part des élus locaux. Le ministre de la Défense pilota efficacement le travail et le projet fut mené à bien. Quand on me dit que la France est incapable de se réformer, je cite souvent, à titre de contre-exemple, le succès de cette réforme. Elle touchait à des enjeux complexes, à la fois politiques, économiques, sociaux et même culturels. L'institution militaire y a adhéré avec sincérité et a fait preuve, dans sa mise en œuvre, d'une grande capacité d'adaptation. On me rétorque qu'il est plus facile de faire obéir les militaires que d'autres corps de la fonction publique. Voire. Mais l'obéissance ne suffit pas. Il faut aussi la volonté de réussir. Nos militaires l'ont eue, et il n'y a pas eu de retour en arrière.

D'autres réformes heureuses me reviennent à l'esprit : celle du logement, par exemple, conçue par Pierre-André Périssol. L'homme n'est pas facile. Il avait bien préparé son projet avant d'entrer au gouvernement. J'en connaissais les lignes de force. Mais sa conviction d'avoir raison le poussait parfois à l'excès de ténacité. A deux ou trois reprises, lors de réunions d'arbitrage à Matignon, je dus taper du poing sur la table et rappeler que le patron, c'était moi. Au demeurant, ses propositions étaient excellentes, qu'il s'agisse de son plan pour le logement d'urgence, le seul au fil des années à avoir donné des résultats rapides et significatifs, ou plus encore de l'invention du « prêt à taux zéro » qui demeure une référence.

Après le remaniement gouvernemental du 17 novembre 1995, je chargeai Jean-Claude Gaudin et Eric Raoult de me préparer un plan d'action pour répondre aux difficultés de ce qu'on n'appelait pas encore « les quartiers ». Plusieurs mois de travail interministériel, que je suivis attentivement et parfois impatiemment, aboutirent au Pacte de relance pour la Ville et à la loi du 14 novembre 1996 instituant notamment les zones franches urbaines sur le territoire desquelles les PME bénéficieraient d'allègements fiscaux et sociaux importants. Les ZFU ont été un succès. J'en ai un bon exemple à Bordeaux. J'avais veillé à ce que ma ville bénéficiât du nouveau dispositif. La plus grande zone franche de France y avait été créée, à cheval sur les communes limitrophes (et socialistes) de Lormont, Cenon et Floirac. Quand, après l'alternance de 1997, le gouvernement Jospin, pour défaire ce qu'avait fait son prédécesseur, y compris ce qui marchait bien, se mit en tête d'abroger les ZFU, mes collègues maires socialistes furent les premiers à pousser les hauts cris et firent reculer le nouveau ministre de la Ville, Claude Bartolone. Dix ans plus tard, notre zone franche accueille plus de 200 entreprises et de 2 000 emplois.

Je ne voudrais pas donner le sentiment que l'action réformatrice de mon gouvernement suivit le cours d'un long fleuve tranquille. Les premières cataractes m'attendaient dès la rentrée de septembre 1995. Tout se joua au cours des quatre mois qui suivirent.

Je savais que la partie allait être rude. Le défi majeur, c'était le « trou de la Sécu ». Abyssal. De l'ordre de 250 milliards de nos francs de l'époque. Avec deux urgences : l'assurance maladie et les retraites. Mes ministres étaient mobilisés. J'avais à mon cabinet un collaborateur d'une grande compétence, expert en contacts syndicaux : Antoine Durrleman, que j'avais connu à Matignon, chez Jacques Chirac, dès 1976. Il était assisté de Frédéric Salat-Baroux qui fit ensuite un beau parcours. Jacques Barrot s'appuyait sur Philippe Bas, très solide lui aussi. A l'Elysée, le Président pouvait compter sur Jean-Pierre Denis et Olivier Duteillet de La Mothe.

Nos équipes turbinaient à plein. Je m'étais fixé l'objectif de novembre pour dévoiler mes batteries. J'étais évidemment très soucieux de bien préparer le terrain. Dès le retour des vacances d'été, je réunis la petite équipe de ministres dits « politiques » avec lesquels j'avais pris l'habitude de piloter la marche du gouvernement et de la majorité : Madelin, Toubon, Debré, Bayrou, Millon, Barrot... Nous arrêtâmes notre plan de bataille. Nous étions d'accord pour soulever très vite la question taboue : « Est-il normal que, depuis la réforme Balladur, les salariés du privé doivent cotiser 40 ans pour obtenir une pension de retraite à taux plein, et les fonctionnaires ou agents du secteur public 37,5 années seulement ? » On avait mis sur ma table un sondage selon lequel une majorité de Français ne se satisfaisaient pas de cette situation. J'en concluais que nous pouvions foncer. La suite des événements m'apprit qu'il y avait une autre façon de lire le souhait des Français : le retour aux 37,5 années pour tout le monde...

Nous tombâmes en tout cas d'accord sur un point : rien ne devait filtrer à l'extérieur, tant que je n'aurais pas reçu personnellement les grands leaders syndicaux : Blondel, Notat, Viannet... La réussite dépendrait d'une bonne préparation du terrain.

Le lendemain ou le surlendemain de cette réunion, quelle ne fut pas ma stupeur quand j'entendis Alain Madelin dérouler notre plan au journal de 8 heures d'une grande station de radio ! Mon sang ne fit qu'un tour. Je décrochai mon téléphone et appelai le Président pour demander la tête de mon ministre des Finances. Je l'obtins sans délai. Le Président accéda sans barguigner à ma requête : Alain Madelin fut remplacé illico par Jean Arthuis. Ai-je alors commis une faute politique ? Sur le fond, je ne le crois pas : j'avais du mal à travailler avec Madelin dont les qualités intellectuelles étaient grandes mais dont l'aptitude à prendre ou à proposer les bonnes décisions ne m'avait pas ébloui depuis le mois de mai. J'eus dès lors une paix royale avec mes ministres dont le sens de la solidarité fut définitivement renforcé. Quand j'entends aujourd'hui un membre du gouvernement en accuser un autre de lâcheté sans qu'il ne se passe rien, je me dis que les temps ont changé. Il est vrai que, sur la forme, j'avais tort : la brutalité de ma réaction, outre qu'elle me fit un ennemi pour longtemps, renforça ma réputation d'autoritarisme. A l'époque, je n'en avais cure...

C'est avec un enthousiasme intact que je me lançai dans la bataille des réformes.

Je reçus en tête à tête, au pavillon de musique, au fond du jardin de Matignon, tous les chefs syndicaux. C'est avec Marc Blondel, dès le départ, que j'eus le plus de mal. Je ne comprenais pas le personnage. Son discours me semblait agressif, arrogant, et, pour tout dire, pas très finaud. Mes arguments étaient plus solides que les siens. Je n'admettais pas, au fond de moi-même, qu'il y fût insensible. Comme si la négociation syndicale était affaire de raison! Il me fallut du temps pour entrer dans le jeu, j'allais dire dans le cinéma des grand-messes et des petits conciliabules où la face compte plus que le fond. Pourtant je connaissais l'homme. Quelques années auparavant, Jacques Chirac me l'avait mis dans les pattes, à la mairie de Paris, et m'avait donné la consigne de trouver un montage financier irréprochable pour aider FO à installer, dans la capitale, son siège national. Je ne peux pas dire que nous avions sympathisé. Mais enfin, nos rapports avaient été courtois, voire cordiaux. Il est vrai qu'il était, en la circonstance, demandeur.

Cette fois, ce fut une autre musique. Tout au long des mois qui suivirent, il devint le plus farouche adversaire de deux réformes emblématiques lancées par mon gouvernement : celle de l'assurance maladie et celle des retraites.

Son hostilité avait, bien entendu, des raisons de fond : sa centrale syndicale recrutait principalement dans la fonction publique, cible prioritaire de la réforme des régimes spéciaux; quant à l'assurance maladie, j'avais fait alliance avec la CFDT de Nicole Notat et la Mutualité de Jean-Pierre Davant, ce qui suffisait à braquer Blondel.

Mais, avec le recul, je crois que la dimension personnelle a beaucoup joué dans notre affrontement. Je compris trop tard qu'il ne se sentait pas à l'aise dans sa relation avec moi. Bien plus tard, après la mort de mon père, il me confia : « Quand vous m'avez parlé de votre famille, de l'amour que vous portiez à vos parents, de la douleur que vous a causée la séparation d'avec votre père, j'ai été touché et j'ai révisé le jugement que je portais sur vous. »

De septembre à décembre, je mis toute mon énergie à faire avancer mes grands chantiers.

C'est le 15 novembre que je présentai à l'Assemblée nationale mon plan de sauvetage de l'assurance maladie. Je l'avais minutieusement préparé avec Jacques Barrot, les cabinets de l'Elysée et de Matignon, les partenaires syndicaux, y compris les responsables des syndicats médicaux. J'avais même organisé des rencontres régionales pour en présenter et en discuter les lignes de force. Il fallait d'abord boucher le « trou » que les Finances chiffraient comme je l'ai dit à 250 milliards de francs. J'inventai une nouvelle cotisation, de faible taux, de très large assiette, universelle, et je la baptisai CRDS : Cotisation de remboursement de la dette sociale; il ne me déplut pas que, dans la bouche de quelques députés de la majorité, elle devînt le remboursement de la « dette socialiste ». Mais au-delà du sauvetage, il fallait assurer l'avenir et provoquer des changements structurels. Mon plan, le « plan Juppé » comme on allait bientôt l'appeler, n'y allait pas avec le dos de la cuiller : création d'un régime universel d'assurance maladie pour garantir l'accès de tous aux soins dans des conditions d'égalité, installation d'une commission chargée de me proposer les modalités d'allongement des cotisations des régimes spéciaux de retraite de 37,5 à 40 ans, assujettissement des allocations familiales à l'impôt sur le revenu après réforme du barème de cet impôt, élargissement de l'assiette de la CSG et basculement d'une partie des cotisations d'assurance maladie sur cette CSG élargie de façon à moins pénaliser les salaires, réforme de l'organisation des caisses d'assurance maladie pour mieux définir les responsabilités, réforme de la Constitution pour permettre au Parlement d'adopter chaque année une loi de financement de la sécurité sociale, création des agences régionales de l'hospitalisation, maîtrise médicalisée des dépenses de médecine ambulatoire grâce à la mise au point d'outils de « bonne pratique médicale », etc. En relisant aujourd'hui mon discours, je suis frappé par l'ampleur du chantier. Par la magie d'Internet, je clique sur une vidéo qui diffuse la péroraison de mon discours :

« Mesdames et Messieurs les députés, je m'adresse à vous avec force, presque avec passion. »

J'avais conscience de vivre un moment où l'intérêt national commande de faire prévaloir la solidarité et l'unité. Et j'engageai dans la foulée la responsabilité de mon gouvernement.

Ce discours-là, contrairement à ma déclaration initiale de politique générale, je l'avais mûri, j'y avais mis toute ma foi réformatrice, je le prononçai avec ferveur. L'Assemblée le sentit, le comprit et me réserva une *standing ovation*. L'opposition était mal à l'aise. J'observai Fabius : il faisait la gueule, visiblement déstabilisé par un plan qu'il ne pouvait ni politiquement approuver, ni intellectuellement désapprouver. Dans les rangs du Parti socialiste, des voix s'élevèrent pour saluer la cohérence et la pertinence des propositions. Ainsi Claude Evin. Le lendemain, *Libération* titra, sous la plume de Serge July : « Juppé, l'audace ». Je bénéficiai aussi du soutien affirmé de Vigi-Sécu qui regroupait la CFDT, la Mutualité française et MG France, syndicat de médecins généralistes plutôt orienté à gauche.

La lune de miel n'allait pas durer.

La France vécut, dans le mois qui suivit, la plus puissante vague de grèves qu'elle ait connue sans doute depuis Mai 68. Ce fut d'abord une grève du secteur public, principalement des transports ; puis la contagion s'étendit, encore que, dans le privé, on fît grève, selon la formule en usage, « par procuration ». Les salariés qui se levaient à 4 heures du matin pour être à l'heure au travail, après, parfois, des heures de marche, exprimaient leur solidarité envers les agents publics qui « se battaient pour la défense de leurs droits ». Il n'y eut pas de violences. Les cortèges étaient pourtant nombreux et les manifestants très déterminés. A Bordeaux, ils ne me laissaient aucun répit. Dès que j'arrivais dans ma ville, la place de la mairie était envahie et mon effigie brûlée en grande pompe. Je tenais bon. Le Président aussi. Devant le risque de paralysie de l'économie du pays, et à l'approche des vacances de

Noël, il fallut bien néanmoins trouver un terrain d'atterrissage.

Une première explication du blocage s'imposa à moi : l'accumulation des réformes lancées en un trimestre. J'avais voulu tout bousculer en même temps : les transports avec la réforme de la SNCF, engagée sous la houlette de Bernard Pons et d'Anne-Marie Idrac ; les régimes de retraite du secteur public, y compris les régimes spéciaux ; et l'assurance maladie, sans oublier la politique familiale.

On m'avait mis en garde, André Bergeron au premier chef. J'aimais bien le vieux et prestigieux leader syndical qui venait de passer la main, à regret je crois, à Marc Blondel. Chirac et lui étaient copains. Le Président, avant même son élection, le consultait souvent et tenait le plus grand compte de ses avis. Je m'efforçais de l'imiter. « Ne faites pas tout en même temps ! me répétait-il. Les Français n'aiment pas qu'on les bouscule. Vous avez le temps. Commencez par l'assurance maladie, c'est le plus urgent. Vous verrez plus tard pour le reste. »

Nicole Notat, à sa manière, bien différente, me donnait en fait le même conseil. Bien des années plus tard, quand nous évoquions cette période, elle me confiait : « Je vous avais dit de ne pas toucher aux retraites. Vous m'aviez répondu que vous alliez y réfléchir. La veille encore de votre intervention à l'Assemblée nationale, vous m'aviez rassurée. Quand je vous ai entendu annoncer à la tribune que vous alliez aligner tout le monde sur 40 années de cotisations, j'ai compris que ça allait tanguer. »

Ça a tangué !

Pour calmer le jeu, je confiai d'abord à Jean Mattéoli une mission de médiation à la SNCF. Il s'en acquitta avec habileté.

J'annonçai ensuite, le 15 décembre si ma mémoire est bonne, que la réforme des retraites dans la fonction publique et celle des régimes spéciaux étaient différées.

Enfin, j'ouvris à Matignon un sommet social qui déboucha sur un accord global quelques heures avant Noël. Il y avait fallu de longues heures de négociation. Parfois, un peu las d'entendre les délégations syndicales répéter indéfiniment leurs analyses et leurs revendications, je laissais mon esprit vagabonder et mon regard errer sur le parc de Matignon et les fenêtres qui surplombaient la salle du conseil où nous étions réunis. Il m'est arrivé d'apercevoir, derrière les vitres de l'appartement, la silhouette d'Isabelle portant Clara dans ses bras. J'hallucinais peut-être, mais leurs sourires me faisaient prendre patience.

Tout semblait bouclé, au terme de la dernière séance de discussion, quand Blondel demanda une fois encore la parole. Nicole Notat et moi échangeâmes un regard furtif : « Que va-t-il encore inventer ? »

« Monsieur le Premier ministre, nous avons bien travaillé, nous avons droit maintenant aux cigares et aux alcools. » A plus de minuit, il me fallut donc tirer quelques bouffées de havane (je fumais encore en ce temps-là), et siroter quelques gorgées de cognac ou d'armagnac avec celui qui allait rester mon adversaire le plus imprévisible.

L'idée s'est installée que, ce soir-là, j'avais tout lâché. Nicolas Sarkozy, qui a fait de la rupture avec les hommes et les politiques qui l'ont précédé son fonds de commerce présidentiel, affirmait récemment encore devant les députés UMP (le 8 mai

2008), que l'action réformatrice de Chirac s'était abîmée dans les flots de la contestation sociale de décembre 1995 et que le plus total immobilisme avait régné tout au long du septennat et du quinquennat qui le suivit. Toujours aimable pour les prédécesseurs ! Je ne me chargerai pas ici de défendre le travail du gouvernement Jospin, ni même celui des gouvernements Raffarin et Villepin dont Sarkozy fut un acteur éminent, et efficace.

S'agissant du mien, que dire ?

Il est évidemment caricatural de prétendre que tout s'est arrêté fin 1995. J'ai cité quelques-unes des belles réformes qui ont suivi, en 1996 et 1997. Je n'ai pas mentionné la profonde transformation de l'impôt sur le revenu préparée par Jean Arthuis et votée dans le budget de 1997. La situation des finances publiques s'étant améliorée, nous avions trouvé les marges de manœuvre nécessaires à la fois pour procéder à un allègement du poids de l'impôt, notamment sur les classes moyennes et les familles, et aussi pour remettre ordre et justice dans le barème, en supprimant la plupart des niches fiscales choquantes auxquelles aucun gouvernement n'osait toucher. Une fois de plus, ma volonté de bien faire me poussa trop loin : je mis dans la charrette la suppression de la déduction spéciale des journalistes, ce qui me valut une bronca des médias. Petit clin d'œil à Jean-François Bège, président en exercice de la presse accréditée à Matignon en janvier 1997 : en me présentant ses vœux au nom de ses collègues, il eut le culot d'inclure dans son discours un bref lamento sur l'injustice fiscale qui frappait la profession ! Naturellement, soucieux de montrer son sens de la justice, mon successeur s'empressa de rétablir la niche... Dans la réforme annoncée pour 2009, *statu quo*, bien sûr.

En lisant le numéro de novembre 2008 du magazine *L'Expansion*, j'ai ressenti un petit frisson de plaisir : sous le titre « Qui a le plus fait baisser nos impôts ? », on y trouve une étude comparative des réformes fiscales des cinq derniers Premiers ministres. Je ne résiste pas à la tentation d'en citer quelques lignes :

« Difficile de l'imaginer habillé en Père Noël. Et pourtant Alain Juppé affiche un bilan fiscal assez flatteur. »

Et dans l'interview qui suit :

« Vous êtes le Premier ministre qui a le plus baissé l'impôt sur le revenu, avec une attention particulière pour les classes moyennes. »

Tout vient un jour pour qui sait attendre !

Le plus important et le plus durable dans le bilan de l'action réformatrice de mon gouvernement n'est pas là. Ce qui m'inspire le plus de fierté, c'est d'avoir permis à la France de franchir une étape décisive dans son parcours de qualification à l'euro. J'ai rappelé qu'à mon arrivée, les déficits publics frisaient les 6 % du PIB ; à mon départ, on était revenu près des 3 %. Plus de deux points en deux ans, dans un contexte de faible croissance. Qui dit mieux ?

Mais revenons à décembre 1995.

Qu'est-il advenu des trois grandes réformes que j'avais mises en chantier ?

Celle des retraites du secteur public a été abandonnée, je l'ai dit. Elle ne sera accomplie que huit ans plus tard, sous le gouvernement Raffarin, celle des régimes spéciaux attendant treize ou quatorze ans, sous le gouvernement Fillon. Pas si simple !

En revanche, la réforme de la SNCF a été menée à bien : si, aujourd'hui, ce grand établissement se félicite de faire des bénéfices, c'est parce que Réseau ferré de France a été créé par la loi du 13 février 1997 et que ce nouvel établissement public a repris à son compte l'amortissement de la dette accumulée pour financer les investissements de la SNCF. Réforme donc nécessaire et bénéfique, quoi qu'en dise aujourd'hui la Cour des comptes.

De même pour la réforme de l'assurance maladie : non seulement elle n'a pas été abandonnée, mais elle a été intégralement mise en œuvre par les ordonnances de janvier et avril 1996, si méticuleusement préparées par Jacques Barrot et Hervé Gaymard.

Même *Libération*, peu enclin à l'indulgence à mon égard, constatait en décembre 1995 : « Que reste-t-il du plan Juppé ? Presque tout. »

Pour mon malheur sans doute ! Car l'application de ce plan braqua contre moi le corps médical qui décida de me faire la peau. Sa virulente campagne contre le plan Juppé et tous les parlementaires qui l'avaient soutenu fut l'une des raisons décisives de mon échec aux législatives anticipées d'avril 1997.

Il est vrai que j'ai commis une grosse bévue vis-à-vis des médecins et de leurs syndicats. Ils adhéraient, au fond, au principe de base de ma réforme : préserver les dépenses médicalement utiles mais tenter d'éliminer les dépenses médicalement inutiles en responsabilisant les prescripteurs, et en inventant la maîtrise médicalisée des dépenses de santé. Cet objectif était et demeure fondamentalement pertinent. Mais pour parvenir à l'appliquer, il fallait se doter d'outils dont nous ne disposions pas. Il fallait, pour faire simple, définir d'un commun accord les bonnes pratiques médicales, qui permettraient à l'assurance maladie de jouer pleinement son rôle : garantir à tous les Français des soins de haute qualité, tout en luttant contre le gaspillage.

Il fallait du temps pour mettre au point ces instruments de maîtrise médicalisée, ce qu'on appelait notamment les références médicales opposables. Dans mon impatience à bien faire, je décidai de frapper d'emblée un grand coup pour montrer ma détermination à ne pas accepter les dérapages : j'instituai une pénalité financière à l'encontre des médecins qui dépasseraient l'objectif de croissance des dépenses médicales. Ce fut efficace : 1997 fut, sur la dernière décennie, la seule année où il n'y eut pas dépassement par rapport aux prévisions. Mais j'en ai payé un prix politique maximum. Les médecins se révoltèrent contre ce qu'ils qualifièrent, non sans raison j'en conviens, de « maîtrise comptable » des dépenses de santé. Ils en ressentirent une sorte d'humiliation et m'en veulent encore aujourd'hui, même ceux qui ne subirent jamais l'amende. Je me souviens d'une rencontre musclée avec une délégation de médecins, organisée par Bernard Accoyer, médecin lui-même et l'un des rares à m'avoir soutenu jusqu'au bout. C'était en mars 1997, avant un meeting électoral; le chef de la délégation médicale m'attaqua bille en tête : « Quand allez-vous nous rendre l'argent que vous nous avez pris ? » Bravache, je répliquai du tac au tac : « Jamais. » Quelques jours plus tard, dans les urnes, je constatai le résultat.

Le gouvernement Jospin, sous l'impulsion de Martine Aubry, remit en cause nombre de dispositifs de mon plan, sauf les recettes, bien sûr, qui furent même pérennisées. J'avais fait le sale boulot.

Mais des pans entiers de ma réforme restent encore debout : le vote chaque année, par le Parlement, de la loi de financement de la sécurité sociale, qui n'a certes pas donné des résultats mirifiques mais qui a au moins le mérite de mettre la représentation nationale et le pays tout entier face aux réalités ; ou les Agences régionales de l'hospitalisation, qui ont fait leurs preuves au point qu'on envisage d'étendre leurs compétences en les transformant en agences régionales de santé ; et peut-être surtout la culture d'évaluation et de certification de la qualité des soins qui se développe dans l'ensemble de notre système de santé.

Les comptes de l'assurance maladie se redressèrent jusqu'au début des années 2000. Du fait du plan Juppé ? Ou grâce à l'amélioration de la conjoncture économique et à la baisse du chômage qui apportèrent à la Sécu des recettes abondantes ? Les deux, sans doute ! En tout cas, la volonté réformatrice s'était traduite en actes.

L'accumulation des réformes fut-elle la seule cause de la crise sociale de décembre 1995 ? L'explication serait un peu courte. Je laisse aux sociologues la tâche d'analyser en profondeur le malaise latent de la société française et les frustrations que la récession des années 1992-1993 y avait fait éclore.

Je ne sous-estime pas ma propre part de responsabilité. Non que, contrairement à la légende qui a fait florès depuis, j'aie négligé, voire ignoré, la concertation avec les partenaires sociaux. Récemment encore, un journaliste, comparant ma tentative avortée de réforme des régimes spéciaux et celle, réussie, de Fillon, n'hésitait pas à affirmer : « A l'époque de Juppé, la différence, c'est qu'il n'y avait eu aucun dialogue. » *Sic !* A tout moment j'ai essayé de garder le contact avec les organisations syndicales. Certaines l'ont reconnu publiquement. Il a quand même fallu du courage à Nicole Notat pour m'inviter, en 1996 ou début 1997, à la grande manifestation annuelle de sa centrale syndicale et m'accompagner personnellement dans le parcours des stands qui occupaient la halle de la Villette. L'accueil ne fut ni hostile ni enthousiaste. De la surprise plutôt, voire de la stupeur, franchement exprimée par ce militant syndical qui m'apostropha en ces termes : « Mais qu'est-ce que vous faites ici ? »

Cela dit, j'ai parfois fait preuve d'intransigeance ou de brutalité. Je ne mesure pas toujours le mal que peut causer une de ces petites phrases à l'emporte-pièce dont j'ai le secret. Par exemple quand j'ai déclaré dans l'hémicycle, à l'occasion d'une séance de questions d'actualité, qu'il fallait faire fondre « la mauvaise graisse » de la fonction publique. Ou bien encore que Thomson, entreprise publique percluse de dettes, ne valait... « rien ». Toutes affirmations techniquement exactes mais politiquement et humainement désastreuses. Une fois la bourde lâchée, non seulement je répugnais à corriger le tir, mais je prenais même un malin plaisir à aggraver mon cas en développant abondamment les arguments qui me donnaient raison.

Quand je me replace dans le contexte de l'époque et que je refais le compte des difficultés que je rencontrais, je me rappelle aussi que le ver était dans le fruit.

Le ver de la division dans le fruit majoritaire, bien sûr.

La querelle des chiraquiens et des balladuriens n'avait pas été purgée par l'élection présidentielle. Pour se donner un atout supplémentaire dans sa confrontation avec Balladur, Chirac s'était engagé à ne pas dissoudre, une fois élu Président, l'Assemblée nationale. Il fallait rassurer les députés et s'attirer leurs bonnes grâces. Lui qu'on accuse souvent de ne pas tenir ses promesses ne voulut pas démordre de celle-là. J'eus le tort d'en prendre mon parti. Le bon sens politique eût voulu que je n'acceptasse d'entrer à Matignon que soutenu par une majorité qui fût la mienne ou la nôtre. Je n'en fis pas un *casus belli*. Pis, je ne me battis pas vraiment pour accueillir dans mon gouvernement des amis d'Edouard. Ce qui entretint, dans mes troupes, un climat de méfiance, de rancœur, voire d'hostilité, alors que j'avais besoin de toute leur cohérence pour réussir des réformes périlleuses. Je ne mis pas longtemps à m'en apercevoir. Et je commençai à évoquer avec le Président un possible remaniement ministériel. Après quelques tergiversations, car Chirac n'aime pas couper les têtes, nous sautâmes le pas début novembre 1995. Constituer le gouvernement Juppé 2 fut une douloureuse quadrature du cercle. Je voulais resserrer mon équipe que je trouvais pléthorique. Et dans le même temps, je voulais l'élargir à quelques balladuriens supplémentaires. Comment faire ? La hache tomba sur la tête des « juppettes », ces femmes que j'avais voulu faire entrer dans mon premier gouvernement pour tendre vers un meilleur équilibre entre les sexes mais qui n'avaient, pour la plupart, aucun poids politique personnel. Je n'en gardai que quatre, ce qui me valut la solide inimitié de celles dont je me séparai (plusieurs m'ont pardonné depuis, telle Françoise de Panafieu...), et, pis encore, une réputation durable de machisme pur et dur. Mais l'opération me permit de ramener à trente-deux le nombre de mes ministres et secrétaires d'Etat, tout en faisant entrer quatre nouveaux « balladuriens » dans l'équipe : Borotra à l'Industrie, Gaudin à l'Aménagement du territoire et à la Ville, Perben à la Fonction publique et Lamassoure au Budget. Je parvins enfin à réunifier les Affaires sociales sous l'autorité de Jacques Barrot. En revanche, quand j'évoquai les noms de Sarkozy ou de Léotard, je vis Chirac s'étrangler !

Le remaniement fut-il au total positif? Pour la qualité et la cohésion du travail gouvernemental, assurément oui. Pour ma popularité dans l'opinion, je m'aperçus vite que non.

Ah ! la popularité ! L'obsession des sondages devint la grande affaire de l'année 1996. Ils n'étaient pas bons. Ils étaient désespérément mauvais. Le meilleur résumé de la situation fut donné par l'un des membres de mon gouvernement, grand maestro de l'humour politique, André Santini, quand il m'exécuta d'une formule assassine : « Juppé? S'il continue à descendre, il va finir par trouver du pétrole ! »

J'avais pourtant commencé en fanfare : à mon arrivée à Matignon, je glanais 65 % d'opinions favorables, un point de moins à peine que le Président, et plus que Fillon, Raffarin, Mauroy, Jospin ou Villepin.

La chute n'en fut que plus brutale. J'ai évoqué quelques-uns de ses facteurs déclenchants. La question qui agitait les conseils en communication divers et variés qui m'entouraient ou qui gravitaient autour du pouvoir était de savoir comment remonter la pente. Jacques Pilhan, devenu le gourou de Chirac après avoir été celui de Mitterrand, était tout spécialement mobilisé. Le Président me demanda de le voir le plus régulièrement possible.

Il fallait d'abord établir le diagnostic. Qu'est-ce qui n'allait pas ?

Après plusieurs entretiens, je compris qu'aux yeux de mes conseilleurs, seule la forme comptait. Peu importait que les réformes à accomplir fussent désagréables et donc impopulaires. Ce qu'il fallait améliorer, c'était la présentation, l'image, la sacro-sainte image. Mon image était trop dure, il fallait de toute urgence l'arrondir.

On aménagea un studio de télévision dans l'immeuble de la rue de Varenne qui fait face à l'hôtel de Matignon. J'étais censé m'y exprimer fréquemment pour m'adresser aux Français les yeux dans les yeux et rétablir avec eux un lien de confiance, voire de complicité. Ce fut un bide retentissant. Je faisais des efforts. J'avais envie, comme tout un chacun, d'être aimé. Mais les nouvelles que j'avais à annoncer étaient rarement sucrées. Le faisais-je avec maladresse ? On m'encourageait. Chacune de mes prestations était disséquée. On ne les trouvait pas mauvaises. Mais le charme ne jouait pas.

En ai-je souffert ? J'étais tellement obnubilé par la besogne qui m'incombait, la multitude des arbitrages à rendre, la nécessité permanente de maintenir la pression sur les membres du gouvernement pour que les affaires progressent, qu'au bout du compte, je me désintéressais de ma cote d'amour.

Ce n'était pas le cas de la classe politique. Le doute ouvrait la voie à l'intrigue. François Bayrou fut le premier à me tenir le langage de la vérité : dès le mois de décembre 1995, au beau milieu des grèves, il me déclara, lors d'un tête-à-tête dans mon bureau à Matignon : « Mon vieux, tu es mort ! »

Quelques mois plus tard, les journées parlementaires RPR de septembre 1996 qui se tinrent au Havre commencèrent dans une ambiance de fronde ouverte contre moi. Pierre Mazeaud, président de la commission des lois, appelait ses collègues à cultiver leurs différences... avec le gouvernement. Je dus demander au Président lui-même de remettre de l'ordre dans les rangs de la majorité. Michel Péricard, président du groupe à l'Assemblée nationale, fit passer le message, sans enthousiasme excessif mais avec la robuste fidélité qui a toujours été la sienne.

Les temps devenaient durs. Je ne me sentais pas découragé. Mais très calmement, je fis le point en moi-même : ma présence à la tête du gouvernement ne devenait-elle pas un fardeau pour toute la majorité? Les élections législatives se profilaient à l'horizon du printemps 1998 et l'échéance commençait à tourmenter les députés. Le moment n'était-il pas venu de changer de cheval, pour relancer une dynamique de victoire ?

J'allai trouver le Président et remis ma charge à sa disposition. Chirac balaya mes arguments et m'invita à me remettre au travail. Voulait-il m'user jusqu'au bout comme me le susurrait Sarkozy? Peut-être. Mais il avait aussi confiance en moi. L'harmonie régnait entre l'Elysée et Matignon, comme rarement. Les équipes s'entendaient bien et aucun ne craignait un coup fourré de l'autre. Maurice Gourdault-Montagne qui dirigeait avec talent mon cabinet et Dominique de Villepin au secrétariat général de la Présidence se téléphonaient toutes les cinq minutes. Vieux routier du monde politique, Chirac savait qu'il aurait bien du mal à reconstituer, avec qui que ce soit d'autre, pareil tandem. Et puis, au fond de lui-même, comme il me l'avait dit dès le départ, il souhaitait conserver longtemps le même Premier ministre, peut-être même tout au long du septennat. La longévité pompidolienne lui servait de référence. Je rentrai donc à Matignon et fis voter mon budget 1997.

Mais la question demeurait pendante. Et c'est ainsi que, peu à peu, je vis émerger l'idée d'anticiper les échéances.

Qui le premier parmi nous prononça le mot de dissolution ? Maintenant que nous connaissons tous la fin de l'histoire, il y a peu de chances de découvrir l'inventeur. Le débat resta longtemps discret, voire secret. Maurice Gourdault-Montagne me fit confidence de ses conciliabules avec Dominique de Villepin. Dans les premières semaines de 1997, je m'en ouvris à Chirac que je sentis fort prudent, pour ne pas dire tout à fait réticent. Mais, sans en rien laisser paraître, il commença à actionner ses réseaux et à questionner ici ou là, sans doute en Corrèze, loin du microcosme. De mon côté, je lançai quelques ballons d'essai. J'hésitais.

Les retours furent, dans l'ensemble, positifs. Les parlementaires qui, d'habitude, sont peu pressés de retourner devant les électeurs parurent séduits par la manœuvre, et l'effet de surprise. La rumeur enfla.

Il est juste de rappeler que certains manifestèrent une opposition résolue : Bernard Pons par exemple, ou Philippe Séguin. Beaucoup moins que tous ne le prétendent aujourd'hui.

J'allai voir Giscard rue de Bénouville. Il commença par me reprocher de l'avoir, tout au long des derniers mois, négligé. Il était pourtant le seul à pouvoir « réussir le passage à l'euro ». Je compris, un peu tard je l'avoue, que si je lui avais proposé Bercy, il serait entré avec empressement dans mon gouvernement...

« Cette dissolution, me dit-il, n'est pas une bonne idée. Le Président aurait dû changer de Premier ministre. » J'encaissai l'uppercut sans broncher et lui fis remarquer que j'avais proposé ma démission. « Cela dit, vous allez gagner, ajouta-t-il, plein d'assurance. Vous aurez une trentaine de sièges de majorité. Et vous pourrez enfin gouverner. »

De fait, les sondages nous donnaient gagnants.

A la lumière des résultats, beaucoup s'imaginent que nous sommes allés à l'abattoir en toute connaissance de cause. Par aveuglement ou stupidité. Non ! Nous pensions gagner ! Et nous n'étions pas les seuls. L'opposition elle-même ne croyait pas dans ses propres chances. Plus tard, Dominique Strauss-Kahn se serait justifié d'avoir laissé inscrire les 35 heures dans le programme électoral du Parti socialiste parce qu'il pensait que ce programme ne serait jamais appliqué.

Je finis par me laisser convaincre.

Et je me bâtis même un discours tonique . « La France doit achever de se qualifier pour l'euro. Nous avons déjà franchi beaucoup de haies. Il nous reste à sauter les toutes dernières. C'est possible si nous rassemblons toute notre énergie. Tel est le sens de ce scrutin : mobiliser la nation pour donner à l'Europe une impulsion décisive. C'est l'intérêt de la France et des Français. »

Chirac prit sa décision et nous partîmes au combat.

Nous... Enfin, je...

Très vite, je me retrouvai seul en première ligne.

A l'Elysée, on commença par prendre ses distances avec le message que je voulais faire passer. On m'objecta que l'Europe n'était guère populaire dans l'opinion et que, moins on en parlait, mieux on se portait.

Mais alors qu'avions-nous à proposer, sinon un vague « nouvel élan » dont on ne comprenait ni la cause ni l'effet ?

Et puis, mon leadership était loin d'enthousiasmer la majorité parlementaire qui menait campagne circonscription par circonscription. On me le fit comprendre. Certes, on m'accompagnait dans mes tournées provinciales; j'ai le souvenir d'un meeting sympathique à Strasbourg avec François Bayrou, qui se prolongea par une copieuse choucroute *Chez Yvonne*. Mais le cœur n'y était pas. Les résultats du premier tour firent sur nous l'effet d'une douche froide. Je comparus à la table des dignitaires de la majorité. Pas un ne manquait et tous tiraient une tête d'enterrement. L'ambiance ne se réchauffa qu'au moment où j'annonçai mon intention de quitter Matignon, quoi qu'il arrive, au lendemain du deuxième tour, c'est-à-dire, aussi, en cas d'improbable victoire. Ouf ! Mon esprit de sacrifice fut apprécié. Seuls Chirac et Villepin continuaient à me susurrer que « rien n'était perdu ».

Leur prédiction ne se réalisa pas.

L'échec fut cuisant, même si RPR et UDF ensemble conservèrent un peu plus de 250 sièges (dont la deuxième circonscription de la Gironde, ce qui me mit du baume au cœur).

Les triangulaires organisées au deuxième tour par le Front national, qui se maintint chaque fois qu'il le put, et la sanction infligée par les médecins nous furent fatales. Ces derniers me firent payer l'addition du plan Juppé. Le premier ne me pardonna jamais d'avoir dénoncé avec intransigeance le caractère raciste, antisémite et xénophobe de ses idées.

La défaite est orpheline.

Je remis naturellement ma démission au président de la République, qui nomma à Matignon le vainqueur du scrutin : Lionel Jospin.

Du côté du RPR, il y eut un temps d'hésitation. Après tout, au lendemain de son échec à l'élection présidentielle de 1988, Jacques Chirac était resté à la présidence du mouvement. Il me conseillait de l'imiter.

Je reçus tout de suite la visite de Nicolas Sarkozy qui vint me proposer un « accord » : « Faisons équipe ensemble, me dit-il, toi à la présidence, moi au secrétariat général. Et repartons au combat. »

J'en parlai à Chirac qui me répondit sans hésiter : « Sarko à la tête du RPR, moi vivant, jamais ! »

Dans la coulisse, les amis de Philippe Séguin étaient à la manœuvre. Pierre Mazeaud expliquait qu'un président battu n'avait plus la légitimité nécessaire pour entraîner les troupes à la reconquête. Avouerai-je qu'après deux années de bagarre intense, je ressentais quelque lassitude ? J'annonçai donc que je quittais aussi la présidence du RPR.

Dès le lendemain, le nouveau ticket qui allait briguer les suffrages de nos militants était constitué : président Philippe Séguin, secrétaire général Nicolas Sarkozy.

C'est ainsi que j'entrai au désert.

# 2

# L'humiliation

L'arrivée à l'aéroport de New York, JFK, est toujours, pour moi, un moment excitant. Inquiétude devant le tapis des bagages : ont-ils bien suivi, de Roissy ? Gamberge dans ma tête pour rassembler les expressions de bon américain que j'ai révisées pendant le vol, sur mon petit carnet. Et puis, déjà, l'air de Big Apple, cette tension si particulière qui monte, paraît-il, du sol granitique de la ville.

Janvier 2005 : pas d'exception à la règle. Je me sens joyeux en descendant la passerelle de l'avion. Isabelle, qui adore New York, rayonne près de moi. Nous apercevons très vite notre ami François Delattre, alors consul général, qui, comme convenu, vient nous accueillir. Tout baigne. Nous devons passer quarante-huit heures chez lui, sur le chemin de Montréal où je vais discuter de ma prochaine venue à l'UQAM, l'université du Québec à Montréal.

Discipliné, je m'arrête sur la ligne jaune devant le guichet des services de l'Immigration. Mon passeport en main, je me concentre pour bien répondre aux questions de l'officier, peu souriant comme d'habitude. Tranquille, je suis à mille lieues d'imaginer que puisse surgir le moindre problème. J'ai franchi tant de fois cette frontière depuis mon premier voyage en Amérique, il y a quarante ans! L'officier feuillette et refeuillette. Il téléphone et retéléphone. Je commence à m'interroger. Sans le moindre commentaire et sans apposer le précieux tampon qui m'ouvrirait la voie, il me rend mon passeport et m'invite à me présenter au bureau principal de l'Immigration, quelques mètres plus loin, qui traite des cas litigieux. Je m'exécute évidemment.

Pendant deux heures, je vais vivre dans ce bureau l'un des moments les plus pénibles de mon existence. Je comprends très vite que j'ai été identifié comme un dangereux criminel sur l'un des fichiers que s'échangent les polices de nos pays démocratiques. On me cuisine sur ma condamnation. On s'étonne que je tente d'entrer sur le territoire américain sans m'être muni d'une autorisation spéciale. On me soupçonne déjà d'avoir voulu dissimuler ma condition de repris de justice... A la tête que fait François Delattre, je comprends qu'il ne faut pas prendre l'incident à la légère, et que je cours le risque de me retrouver en cellule de rétention puis, au mieux, d'être expulsé comme un malpropre sur le prochain vol pour Paris. Je suis prié de ne pas utiliser de téléphone mobile pour entrer en contact avec le monde extérieur, sans doute les dangereux complices qui m'attendent. Heureusement, Isabelle, qui a obtenu, pour ce qui la concerne, le coup de tampon libérateur, a pu m'accompagner. Le consul général aussi... avec son portable! Immédiatement, il appelle notre ambassade à Washington, qui, à son tour, me fait-il comprendre, contacte le State Department, le ministère américain des Affaires étrangères, pour qu'il plaide ma cause. Désormais, mon sort dépend du bras de fer entre cette administration où j'ai quelques amis et le Department of Homeland Security, l'équivalent de notre ministère de l'Intérieur, tout-puissant depuis le 11 septembre 2001. Comme dans tous les pays du monde, les deux maisons s'apprécient peu l'une l'autre.

Ai-je jamais senti s'écouler minutes, heures plus lentement ? Je m'efforce de garder mon calme, de rester assis sur mon banc. Isabelle me rassure. Mais périodiquement, je me lève, j'arpente, aller et retour, la longue salle déserte.

Je ressens de l'inquiétude bien sûr. Je m'imagine au fond d'une geôle américaine. Mais surtout, j'éprouve de la honte. Je me rappelle avoir été accueilli ici avec tout le protocole réservé aux puissants de ce monde. Et me voilà réduit au rang de délinquant.

Au bout de deux heures interminables, le feu vert arrive de Washington. Un fonctionnaire un peu embarrassé me remet un document d'entrée provisoire qui m'enjoint, sur un ton comminatoire, de ne pas recommencer, sous peine des derniers châtiments. Mes deux journées à New York sont gâchées.

Montréal me réserve, dans la foulée, d'aussi désagréables surprises !

Depuis six mois, j'ai le projet de venir, en tant que professeur invité, faire un cours dans un établissement d'enseignement supérieur nord-américain, pour une année universitaire par exemple. J'ai besoin de changer d'air. J'ai pris contact avec la Columbia University à New York qui s'est montrée intéressée. Mais je me suis vite rendu compte que je n'aurais pas les moyens de faire vivre ma famille à New York. Et puis, pour de nombreuses raisons, le Canada me tente. Mon ami Jean-Paul L'Allier, maire de la ville de Québec, jumelée avec Bordeaux depuis 1962, m'a assuré que l'université du Québec (UQ) m'accueillerait volontiers. Les premiers contacts ont été positifs. Je suis à Montréal pour préciser les conditions exactes de ma venue. Pierre Moreau, le président de l'UQ, m'a organisé un déjeuner avec le recteur de l'université du Québec à Montréal (UQAM), un certain Roch Denis. A tout prendre, je préférerais m'installer à Montréal plutôt qu'à Québec. Les établissements d'enseignement français y sont plus importants et je pense à la scolarité de nos deux filles.

Nous déjeunons tous les trois : Pierre Moreau, Roch Denis et moi.

Je ne suis pas à l'aise. Pour une raison toute physique d'abord : de peur du froid, j'ai mis des sous-vêtements façon Damart qui, dans la rue, me procurent un doux bien-être, mais, à l'intérieur des immeubles surchauffés de Montréal, m'étouffent littéralement. J'apprendrai plus tard la bonne technique : il faut porter plusieurs couches de vêtements, amovibles, qu'on ôte à l'intérieur et qu'on revêt à la sortie. C'est sur le tas qu'on se forme le mieux.

La conversation n'est pas de nature à arranger les choses. Après quelques formules convenues de bienvenue, le recteur m'explique en substance que son université ne peut accueillir un professeur invité dont la moralité est sujette à caution. D'ailleurs, il me propose de rencontrer un petit échantillon de ses collègues qui m'expliqueront la situation. Pierre Moreau flaire le piège. Naïvement, j'accepte. Une demi-heure plus tard, je me retrouve devant un véritable tribunal : chacun des trois ou quatre éminents universitaires devant qui je suis traduit m'explique que l'éthique de leur institution est intransigeante et qu'elle ne saurait accepter en son sein un personnage aussi sulfureux que moi. Je n'argumente pas. Je bois le calice. Je remercie ces messieurs de leur franchise.

Je passe une mauvaise nuit. Toute la tendresse d'Isabelle reste, dans l'instant, impuissante à calmer ma blessure. J'ai mal. J'ai envie de hurler.

La polémique rebondira dans les semaines qui suivront. Un autre distingué universitaire, Gérard Bouchard, publiera, dans les colonnes du *Devoir* qui est un peu *Le Monde* québécois, un article au vitriol où je suis carrément traité de criminel. On en aura quelques échos atténués dans la presse parisienne. Je trouverai des défenseurs là où je ne les attendais pas : Bernard-Henri Lévy par exemple ou le psychanalyste lacanien Jacques-Alain Miller qui dénonceront les zélateurs de la vertu qui me pourchassent. Leur plaidoyer en ma faveur me remet en tête l'une des belles phrases de Montesquieu : « Comme il est toujours plus aisé de suivre sa force que de l'arrêter, peut-être est-il plus facile de trouver des gens extrêmement vertueux que des hommes extrêmement sages. »

En août 2005, quand je débarquerai à Montréal avec Isabelle, Charline, Clara et l'étudiante bordelaise qui nous accompagne, Solange, une équipe de communication de l'Enap (Ecole nationale d'administration publique) où j'allais enseigner déminera le terrain et m'organisera plusieurs émissions de radio et de télé où je jouerai cartes sur table en expliquant sans détours mes déboires judiciaires. La méthode se révélera efficace : pendant tout mon séjour, je n'en entendrai plus parler.

Lors de ma dernière visite à Québec, en mai 2008, j'ai savouré un petit moment de vengeance.

Le Vérificateur général du Québec (l'équivalent de notre Cour des comptes) venait de publier son rapport sur « la vérification particulière menée auprès de l'université du Québec à Montréal ». Il y dénonçait la gestion désastreuse des projets immobiliers de l'UQAM par l'équipe du recteur Roch Denis et concluait en ces termes : « ... une attitude irrespectueuse de la part du recteur à l'égard des instances de l'UQAM : [il] a manqué de transparence et a fourni une information incomplète et souvent inexacte à ces instances. » L'affaire fait grand bruit à Montréal où l'on n'exclut pas des suites judiciaires. Les sommes en jeu sont considérables. D'ores et déjà, l'homme qui m'avait dispensé une si haute leçon de morale a dû démissionner.

Le président de l'UQ, quant à lui, n'a pas flanché, ni ses collègues qui, en mai 2008, m'ont décerné un doctorat d'honneur de leur université, au cours d'une cérémonie toute simple, qui m'a ému. Hommes sincères, je vous garde ma reconnaissance.

Si j'évoque ces péripéties qui remontent maintenant à plus de trois ans, ce n'est pas pour ressasser.

C'est que j'ai besoin de dire ma souffrance, pour la purger définitivement.

Mon calvaire a commencé par une belle journée d'août 1998.

Je reçois à Bordeaux une notification (je ne connais rien au vocabulaire de la basoche et je ne sais donc pas si c'est le bon mot) du juge d'instruction Desmure qui m'annonce ma mise en examen pour toutes sortes de délits plus abominables les uns que les autres. Les mots de justice ont déjà en eux-mêmes une violence qui assomme.

Pendant six ans, je vais vivre mon calvaire judiciaire, et faire la connaissance d'un monde dont la principale caractéristique reste à mes yeux la totale inhumanité.

Je ne vais pas ici refaire mes procès. Peut-être certains lecteurs en ont-ils encore en tête les détails. J'ai eu droit à une surexposition médiatique, à la fois cruelle et toute naturelle. Pensez donc : il n'est pas courant de voir un ancien Premier ministre traîné devant les juges. Il est vrai qu'aujourd'hui la chose devient presque banale, l'effet de surprise s'émousse...

Au début, on n'y comprend pas grand-chose. Ma première comparution devant le juge d'instruction fut brève; et pour cause : je ne savais rien du dossier. J'avais été mis en examen sans participer à aucune instruction préalable, ou, en tout cas, sans être jamais entendu. Mes avocats me conseillèrent de demander le temps nécessaire à l'étude du dossier dont on me donnait pour la première fois communication.

J'avais choisi, pour me défendre, un avocat parisien que j'avais rencontré dans le bureau de Dominique de Villepin : Francis Szpiner, réputé proche du RPR et de Jacques Chirac. L'homme m'avait séduit par la vivacité de son intelligence et sa combativité. Je lui ai fait totalement confiance et n'en éprouve aucun regret. Il est même devenu un ami. Au lendemain de la décision de première instance qui me condamnait à la mort politique, beaucoup, qui me l'avaient chaudement recommandé, lui tombèrent dessus à bras raccourcis et vilipendèrent sa stratégie de défense. *Vae victis !* Pour ma part, je lui suis toujours reconnaissant de ce qu'il a fait pour moi.

J'avais demandé à un avocat bordelais de venir renforcer ma défense. Il s'agissait du bâtonnier Georges Tonnet, qui s'impliqua lui aussi totalement dans notre combat commun. Jusqu'à tomber dans les pommes, sous le coup de l'émotion, au moment de plaider devant la cour d'appel de Versailles.

Dès le lendemain de ma mise en examen, je fus invité par PPDA à venir m'expliquer au journal de 20 heures. J'étais encore sous le choc. Je ne mesurais pas l'ampleur du désastre qui allait ravager ma vie politique. Je me déclarai donc, selon la formule consacrée, « confiant dans la justice de mon pays ».

De quoi s'agissait-il? Je n'avais, naturellement, jamais voulu enfreindre aucune loi. Mais précisément, sur le financement des partis politiques, à l'époque où je devins secrétaire général du RPR, la loi était muette. Elle ne prévoyait notamment aucun financement public. C'était donc le règne de la débrouille. Le RPR avait tenté d'innover en s'inspirant des méthodes américaines de collecte de fonds auprès des personnes physiques (*fund raising*). La petite société de marketing politique qu'il avait créée, la SDP, fonctionnait bien et lui procurait une fraction importante de ses ressources. Les dons des personnes morales n'étaient ni interdits ni réglementés. D'éminents responsables politiques, tel le président du groupe RPR à l'Assemblée nationale, Claude Labbé, ne voulaient rien changer, au prétexte de ne pas porter atteinte à l'indépendance des partis vis-à-vis des gouvernements en place. Confrontée à plusieurs scandales, la classe politique dut pourtant se résigner à bouger. Mais le législateur s'y reprit à plusieurs fois, 1988, 1990, 1993, 1995, avant qu'un cadre juridique clair fût enfin défini. C'est pendant cette période de transition que j'avais eu à gérer mon parti politique. Période de tâtonnements, de remises en ordre progressives, de changements dans des attitudes ou des pratiques bien ancrées. Sans doute avais-je manqué de vigilance et de rapidité d'exécution dans la mise en conformité de la gestion du RPR avec les nouvelles lois. Mais j'étais sûr de ma bonne foi.

J'allais vite découvrir que, contrairement aux quelques souvenirs que j'avais conservés de mon initiation au droit, ce n'est pas l'intention qui compte.

Pour l'heure, ma hantise était de protéger ma famille. Ou de me protéger du jugement des miens.

Mon père venait de mourir, quelques semaines plus tôt, d'un cancer du côlon qui avait eu raison de sa formidable envie de vivre. J'imaginais le drame que c'eût été pour lui de voir son fils traîné en justice. Il était d'origine très modeste. Il était très fier de son seul diplôme : le certif, qui n'avait de son temps, soulignait-il, rien à voir avec celui d'aujourd'hui. « Nous, nous savions l'orthographe ! », affirmait-il crânement. Nous échangions rarement des lettres, lui et moi, mais lorsque cela arrivait, je pouvais vérifier qu'il ne se vantait pas.

Ma réussite scolaire et universitaire, mon entrée à l'Inspection des finances, puis ma carrière politique, jusqu'à Matignon, tout mon parcours lui avait procuré un grand bonheur. Discret, bourru, et même un peu sauvage, il n'en laissait rien paraître. Mais pour qui le connaissait, les signes ne mentaient pas : un zeste de fausse modestie envers autrui, mais une forme de plénitude – comment dire ? –, de douce sérénité devant la réussite de son fils. « Je suis fier de toi, mon fils », me disait-il parfois. C'était de la bonne fierté, sans arrogance extérieure, profonde, généreuse.

Je retrouve, au fond d'un tiroir de mon bureau, un cahier d'écolier dont j'ai noirci les pages dans les jours qui suivirent sa mort. J'y raconte ses derniers moments. Jusqu'au bout, il s'était battu. Il avait terriblement maigri. A table, je souffrais de le voir repousser son assiette, la laisser pleine, lui dont la gourmandise était insatiable. J'aimais le voir dévorer les plats simples qu'il préférait, la cuisine du Sud-Ouest, sans affectation, à base de produits vrais. Ah, sa phobie de la conserve, ou du congelé ! Il n'acceptait que les fruits et légumes frais, du terroir. Ecolo avant l'heure. Ou alors les recettes traditionnelles que lui concoctait maman. Foie frais au raisin. Ragoût de haricots au confit. Dans les grandes occasions, ortolans, précieux, rares, et enfin interdits. Il se plaçait devant le four pour entendre « chanter les bestioles », c'est-à-dire rissoler l'oiseau dans sa graisse subtile. C'était un spectacle de le voir saliver avant l'heure, puis, l'ortolan en bouche, enfouir son visage sous la serviette et le ressortir cinq minutes plus tard, congestionné, mais en pleine béatitude.

Maintenant, la chimio l'empoisonnait. Il continuait pourtant à vivre la vie de tous les jours. Il tenait à peine debout, mais il allait faire les courses au volant de sa voiture. Un danger public, sans doute. J'appris qu'il avait eu un malaise à la station-service où il avait l'habitude d'aller « faire de l'essence », comme il disait. Il était reparti, en refusant toute aide. Je l'imagine, rudoyant le pompiste qui avait eu le tort de s'apitoyer sur son sort.

Ce soir, je suis avec lui dans la chambre d'hôpital où il agonise. J'ai voulu « dormir » auprès de lui sa dernière nuit. La morphine fait son effet. La souffrance est enfin domptée. Il repose, dans un semi-coma. Sa respiration est régulière, lente, bruyante. J'ai envie de lui parler. De lui dire tout ce que je ne lui ai pas dit depuis... cinquante-trois ans. Que d'occasions manquées ! Nous nous aimions mais nous ne nous le disions pas. Nous avions peu de conversations dignes de ce nom, sauf, parfois, sur l'actualité politique. Et tout d'un coup, mille mots me viennent aux lèvres, mille histoires, mille confidences, mille demandes de conseils... que je gardais en réserve. Sottise ! Il ne m'entend plus. Il est trop tard. Irrémédiablement trop tard. Sentiment de révolte. Ne gardez rien « en réserve » !

Il n'a rien su. Il m'aurait évidemment soutenu avec passion, avec colère même contre tous ceux qui m'auraient attaqué, comme il l'avait fait quand j'étais à Matignon. Mais je sais quel supplice il aurait enduré en silence à me voir entrer au tribunal sous les flashes d'une meute de photographes.

Avec Isabelle, nous réunîmes les enfants et je leur décrivis la situation : « Vous allez beaucoup entendre parler, à la télé, à la radio, dans les journaux, au boulot ou à l'école, des emplois fictifs du RPR. La justice me reproche d'avoir, en tant que patron du RPR, créé ou laissé subsister des emplois en faveur d'une vingtaine de personnes qui étaient payées par la Ville de Paris – dont j'étais l'élu – et qui, selon l'accusation, auraient en fait travaillé à plein temps au RPR. C'est un délit qu'on appelle la prise illégale d'intérêt. Je vais démontrer, avec mes avocats, qu'en réalité, ces personnes travaillaient bien à la Ville, et n'intervenaient au RPR, en tant que militants, qu'en dehors de leur travail administratif. J'espère en convaincre les juges. Mais quoi qu'il arrive, sachez que je n'ai pas mis un sou d'argent public dans ma poche personnelle, que d'ailleurs personne ne me le reproche et que vous n'aurez donc pas à rougir de moi. »

Quel a pu être l'effet de ce discours sur mes enfants? En particulier, sur une petite fille qui allait avoir neuf ans lors du premier verdict? Je n'en sais rien. Jamais ils ne m'ont parlé des perfidies et des méchancetés qu'ils ont certainement entendues. Sauf Clara, une fois : « Papa, j'ai un copain à l'école qui me dit que tu vas aller en prison. Est-ce que c'est vrai ? »

Tout au long de ces six années, ma famille, toute proche ou un peu plus lointaine, est restée digne et soudée. Elle m'a entouré d'une affection à la fois forte et vraie qui m'a sauvé de la déprime.

La réaction de ma mère m'angoissait. D'abord, parce que je la savais naturellement portée aux extrêmes. « *Tragediante!* » lui disait souvent mon père, tant elle avait le talent de dramatiser le plus petit incident familial.

Ensuite, parce que j'ai toujours été vulnérable à ses jugements. Elle avait pour moi une forme de vénération qui brouillait, en elle, tout discernement. Mais sa passion la rendait exigeante. Dès mon plus jeune âge, je fus soumis à un régime rude. Elle avait décidé que j'avais tous les moyens d'être le meilleur et que, si je ne l'étais pas, la faute en incombait à ma paresse ou à mon inattention. Ce fut efficace. J'aurais dû, à l'adolescence, en tirer les conséquences normales en brisant mes chaînes dans un mouvement tout aussi théâtral de révolte. A seize ans, j'eus la chance de prendre le large, sans cassure, tout naturellement, pour poursuivre mes études à Paris. L'éloignement géographique m'épargna la rupture sentimentale. Je restai un fils aimant, sinon soumis. Les oukases de la « tsarine », comme l'appelait papa, m'impressionnaient. J'affectais d'y accorder peu d'importance. Mais mon entourage s'amusait de constater qu'après avoir, dans un grand geste d'indépendance, affirmé que « je n'en avais rien à cirer », je m'y conformais a posteriori, sans tambours ni trompettes.

C'était déjà, en 1998, une vieille dame. Elle était née en 1910. Elle avait certes toute sa tête. Mais elle supporta mal la mort de papa et se mit lentement à décliner.

Etrange couple! Chien et chat!

Je n'ai jamais vu homme et femme se livrer un pareil match de vie commune. Ils s'aimaient, j'en suis sûr. Ils se déchiraient allégrement, se battaient même. Papa n'était pas irréprochable. J'avais dix ou douze ans quand la crise la plus grave éclata. J'étais très pieux. Je fus intransigeant. Il était coupable et devait disparaître du paysage. Ma sœur aînée, qui a quinze ans de plus que moi, et son mari plaidèrent le pardon. Qui fut accordé. La vie commune et le match reprirent, toujours aussi passionnés, aussi violents. La clameur des disputes n'avait pas de mal à franchir la mince cloison qui séparait la chambre parentale de la mienne. J'en tremblais des soirées entières. En toute logique, je devrais en garder quelque traumatisme intime. Mais toute idée d'analyse me fait fuir !

Avec l'âge, la passion s'apaisa, les disputes devinrent purement verbales, et le besoin de tendresse réciproque submergea tout. Tous deux octogénaires, ils menaient une vie simple, dans notre petite ville tranquille de Mont-de-Marsan où maman, depuis sa naissance, avait toujours vécu. Souvent, je téléphonais vers 8 heures du soir à la maison pour prendre des nouvelles. Si je n'obtenais pas de réponse, c'était bon signe : ils étaient *Aux Pyrénées*, le modeste restaurant où ils retrouvaient deux ou trois vieux copains, autour d'un menu à 35 francs. « Tu te rends compte : la soupe, l'entrée, le plat principal, fromage et dessert, vin à volonté, 35 francs ! Cela ne vaut pas la peine que ta mère se mette en cuisine à la maison. »

Leur bonheur, c'étaient les enfants, les petits-enfants qui envahissaient au mois d'août la maison d'Hossegor. Ils nous aimaient tous. A leur façon, qui n'était pas supportable plus de huit jours. Nous les aimions. Je les aimais lucidement mais tendrement.

En janvier 2004, au moment de la décision de Nanterre, maman vivait en maison de retraite, près de Bayonne, et les bruits du monde lui arrivaient très atténués. En tout cas, elle ne me parlait presque jamais du procès, de ce qu'en disait la presse, ou de ce qui risquait de m'arriver. Il vient un temps où la vie se boucle sur elle-même, où l'être se referme et ne s'intéresse plus qu'à lui, comme s'il ne voulait pas disperser sur autrui le peu de jours et d'énergie qui lui restent. Heureuse autoprotection ! Il y a des exceptions. Les saints par exemple, telle sœur Emmanuelle, qui gardent intacte leur capacité d'ouverture aux autres.

Chaque dimanche ou presque, je faisais le trajet Bordeaux-Bayonne (Saint-Pierre-d'Irube exactement) pour aller embrasser maman. Quand elle était à peu près en forme, nous allions déjeuner dans l'un de ses bistrots favoris, au fin fond du Pays basque, *Chez Tante Ursule* par exemple, à Cambo. Comme papa, elle était gourmande. J'étais attendri quand je la voyais déguster avec délice, à la fin du repas, l'un de ses desserts favoris : un « colonel », glace citron arrosée de... vodka. Ultimes jouissances de la grande vieillesse, vous méritez notre indulgence.

Sur le chemin du retour, je culpabilisais. Au moment de la séparation hebdomadaire, je lisais tant de détresse dans son regard, tant de peur de la solitude ! Je me consolais en me rappelant que sa voisine de chambre n'était autre que l'une de ses plus vieilles copines d'enfance. Elles continuaient à se chamailler gaiement mais restaient inséparables. Il n'importe ! Les enfants ne devraient pas laisser leurs parents finir leurs jours dans une maison de retraite. Ce que j'ai fait. Curieuse société qui sépare ainsi les générations. Fracture avec la longue tradition de solidarité entre les âges propre à beaucoup de nos civilisations. Je sais que les conditions de vie moderne rendent difficile, voire impossible, la cohabitation. Mais le prétexte est commode. Notre égoïsme foncier y trouve son compte. Maman, dont la lucidité était impitoyable, tenait sa vengeance : « Vos enfants vous traiteront comme vous me traitez. »

En octobre, lorsque je me retrouvai devant la cour d'appel de Versailles, la santé de maman se dégrada brusquement. Au cours d'une des dernières audiences, j'appris la nouvelle de sa mort. Je sollicitai de la cour l'autorisation de m'absenter pour lui dire adieu et assister aux obsèques. La froideur administrative avec laquelle cette autorisation me fut donnée, sans un mot de compassion, me glaça. J'avais oublié qu'un prévenu, déjà presque un condamné, n'est plus tout à fait un être humain. Même devant la mort.

Peut-être suis-je devenu trop sensible à la compassion, trop sentimental ?

2008. Coup sur coup, la mort frappe autour de moi, dans le cercle de famille et d'amitié : mon frère aîné emporté en quelques mois par un mauvais cancer ; même sort pour un ami proche qui venait juste de franchir le cap de la soixantaine.

On me demande souvent de prononcer quelques mots, à la fin des cérémonies de funérailles. Invariablement ma gorge se noue, mes yeux se mouillent, je résiste mal à l'émotion. Plus le temps passe, plus je me sens concerné. Sentiment d'une effrayante banalité.

Naguère, je restais observateur, comme si mon tour n'était pas venu. Aujourd'hui, je vois le piège se refermer, je suis en première ligne.

Ai-je peur de la mort ? M'est-elle encore étrangère ? Devient-elle déjà familière ? Je continue à me protéger. J'élude la question. Mais elle rôde, dans ma tête, dans mon corps.

Souvent, je prends la mort de haut. Je tiens sur elle des propos cyniques. Je dis à mes proches que je suis sans illusion, qu'ils me pleureront quelque temps, puis renoueront avec la vie comme avant. Et je prétends que c'est bien ainsi. Je les encourage à oublier, à jouir du temps qui passe. Juste une petite pensée, de temps en temps, pour les « chers disparus ». C'est bien assez.

La vie est d'une force terrible. Elle balaie tout, même la révolte ou le désespoir, jusqu'à la mémoire.

Certes, parfois le dimanche matin, je me dis : « Tiens, je vais appeler les parents. » Rituel pratiqué pendant de longues décennies. J'approche la main du téléphone. Je n'atterris dans la réalité qu'au moment de composer les premiers chiffres.

Mais le plus souvent, je constate que la seule proximité durable est physique, et même tactile. Toucher pour communiquer. Je n'aime pas trop le monde virtuel.

Classiquement, c'est la maladie qui me hante, plus que la mort elle-même, simple passage. Horreur de la déchéance, de la souffrance. Papa se tordant de douleur sur son lit d'hôpital, jusqu'à ce que je dise aux médecins : « Ce n'est plus tolérable ! » Ou R., les yeux vides dans les ténèbres de sa maladie d'Alzheimer, qui sourit béatement à sa compagne de cinquante ans qu'il ne reconnaît plus.

Je me promets, le jour où j'apprendrai que je suis atteint d'une « grave maladie », de fuir la spirale des traitements qui vous tuent à petit feu plus qu'ils ne vous guérissent. Mais un doute terrible m'obsède. La volonté de vivre, de vivre encore, à n'importe quel prix, n'est-elle pas la plus forte? Encore un instant, monsieur le bourreau! Et puis, j'ai vu quelques exemples de mort sereine, vécue en famille, dans l'amour partagé et une forme de paix bienheureuse. Où est le vrai courage?

Enfin, l'autre question, la vraie, celle d'après, celle de l' « après ». C'est surtout celle-là que je fuis, et c'est là qu'est la vraie lâcheté.

Je n'ai pas réglé mon problème avec Dieu. Je ne sais pas si j'y parviendrai avant qu'à coup sûr, Lui ne règle le sien avec moi...

J'ai eu une enfance et une adolescence pieuses. Mon père ne croyait ni ne pratiquait. « Ce n'est pas sa faute, il n'a pas reçu d'éducation », disait méchamment ma mère. Elle, elle avait été élevée dans les bonnes écoles de notre Sainte Mère l'Eglise et en avait conservé la foi du charbonnier. J'eus donc droit à une « bonne éducation », à une émouvante première communion, à une ronflante communion solennelle dans la chapelle du lycée (public) Victor-Duruy. Je servis, pendant des années, la messe à la Madeleine, notre église paroissiale, sous la houlette d'un archiprêtre débonnaire. Il lui arrivait de perdre son sang-froid à la troisième messe basse de minuit, le soir de Noël, quand les répons de ses enfants de chœur traînaient un peu trop et retardaient l'heure de son coucher. Je militais parmi les Chevaliers du Christ, petit groupe spirituel qu'animait un jeune abbé superdynamique. J'éprouvai de la surprise et même de la peine quand j'appris, vingt ans plus tard, qu'il était défroqué et marié. Car je croyais dur comme fer à tout ce qu'on nous enseignait. Ma foi était à fleur de peau. J'étais fasciné par les pompes catholiques. J'aimais les belles cérémonies, les grandes orgues tonitruantes, le *Minuit, chrétiens* puissamment entonné par notre ténor local. Thuriféraire, je raffolais du parfum de l'encens que je balançais majestueusement en direction de l'officiant, puis de la foule. N'aimais-je pas, déjà, être connu et reconnu ? J'aurais dû m'en confesser. Je retombais en fait dans le péché d'orgueil quand, le jour de la Fête-Dieu, portant la grande croix d'argent, j'ouvrais la marche de la longue procession qui parcourait les principales rues de la ville. Un demi-siècle ! C'est beaucoup et peu à la fois. Imaginerait-on aujourd'hui pareille démonstration ? Garçons et filles en aube, prêtres en ornements cousus d'or, sous le dais somptueux, les pétales de fleur répandus à foison tout le long du cortège. Et les cantiques repris à pleine gorge par tout un peuple de fidèles devant des stations richement décorées aux principaux carrefours. Un autre temps, un autre monde. Dans la France profonde, il y a un demi-siècle.

Mon départ pour Paris provoqua la rupture. Je cessai de pratiquer. Par paresse ou par hasard. Les liens se distendirent. Je veillai à apporter à mes enfants une éducation religieuse, mais sans donner l'exemple. La messe dominicale en famille n'entra pas dans nos habitudes. Je mettais juste un point d'honneur à ne pas manquer Noël, Pâques et le 15 août, jour de l'Assomption... et de mon anniversaire.

Où en suis-je aujourd'hui ? Je me complais dans une réponse facile : je ne sais pas. « Agnosticisme :

doctrine d'après laquelle tout ce qui est au-delà du donné expérimental (métaphysique) est inconnaissable. »

J'oscille entre le doute méthodique, voire le rejet pur et simple... et une fascination récurrente pour le « sacré ». J'aime les lieux où il vibre : Vézelay, aux heures désertes, et même Lourdes, perdu dans la foule. Une belle messe m'émeut. Non pas la messe « technique », expédiée, froide, triste, qu'une mauvaise lecture de Vatican II a trop souvent répandue dans nos églises dépeuplées. Mais la messe joyeuse, dansante, participative, où la communauté chante de bon cœur, comme celle que j'ai vécue récemment dans l'église du Sacré-Cœur à Bordeaux. Alchimie entre l'enthousiasme du pasteur et l'attente de la communauté. Alchimie qui doit s'appeler foi. Quadrature du cercle.

En tout cas, je n'aime pas les simplifications. J'argumente face à Clara quand elle me soutient que les savants ne trouvent pas place dans l'Eglise, que science et foi ne vont pas ensemble. « A preuve : la condamnation de Galilée », m'assène-t-elle. J'objecte : « Et Pascal, grand savant, immense chrétien ? » Je ne suis pas sûr de l'avoir convaincue.

L'affrontement est plus brutal avec mon fils, Laurent. Il est bardé de toutes les certitudes qu'il puise dans sa culture scientifique. Son matérialisme me fait froid dans le dos. La pensée, l'âme ? Simple produit des réactions chimiques qui actionnent nos cellules nerveuses ! Matière nous sommes, matière nous cessons d'être un jour. Puis, rien. Quant à l'univers, depuis le big-bang, vérité établie, il vit sa vie, poursuit son expansion jusqu'au terme inéluctable. Je crois tenir ma parade : « Mais juste avant le big-bang? Et pourquoi le big-bang? » Il élude. C'est si peu de temps! J'ajoute : « Einstein croyait-il en Dieu? » Du bout des lèvres, il me retourne une citation de l'intéressé :

« Le hasard, c'est Dieu qui se promène incognito. »

Il y a de l'espoir... Ce qui m'effraie, c'est l'arrogance des certitudes, qu'elles inspirent la foi du charbonnier ou le militantisme athée. Douter me rassure.

J'adore jouer les empêcheurs de croire – ou de ne pas croire – en rond. Je me délecte des joutes philosophiques de Luc Ferry et d'André Comte-Sponville. J'incline à rejoindre le premier. Mais la thèse du second, que matérialisme et spiritualité ne sont pas forcément inconciliables, me séduit : « Etre athée, ce n'est pas nier l'existence de l'absolu. » Ou encore : « Si tout est naturel, la spiritualité l'est aussi. Cela, loin d'interdire la vie spirituelle, la rend possible. Nous sommes au monde, et du monde : l'esprit fait partie de la nature. »

J'aime le respect qu'il éprouve à l'égard des grandes religions : « Il m'arrive de me définir comme " athée fidèle ", écrit-il : athée puisque je ne crois en aucun Dieu ni en aucune puissance surnaturelle; mais fidèle, parce que je me reconnais dans une certaine histoire, une certaine tradition, une certaine communauté, et spécialement dans ces valeurs judéo-chrétiennes (ou gréco-judéo-chrétiennes) qui sont les nôtres. »

C'est pour affirmer mon attachement à ces valeurs que j'ai signé, en compagnie de Jacques Delors, de Xavier Emmanuelli, de Jean-Baptiste de Foucauld et d'autres chrétiens, « Noël dans la crise :

un rendez-vous pour l'Espérance », le très beau texte publié le 24 décembre 2008 par plusieurs quotidiens français. J'ai partagé d'emblée les priorités qu'il met en avant : celle de l'homme sur l'économie et celle des pauvres sur les privilégiés, en l'illustrant par cette citation dérangeante de saint Ambroise :

« Quand tu fais l'aumône à un pauvre, tu ne fais que lui rendre ce à quoi il a droit, car voici que ce qui était destiné à l'usage de tous, tu te l'es arrogé pour toi tout seul. »

J'ai aimé aussi dans ce texte l'éloge de la sobriété. Sobriété dans l'usage des biens matériels : l'avertissement est d'actualité, tant l'étalage de la grande richesse prend des proportions indécentes par ces temps de crise. Il n'est pas rare que se succèdent sur nos écrans de télévision les images d'un reportage sur les sans-abri au cœur de Paris, et celles de l'inauguration d'un palace de grand luxe dans le golfe Persique.

Sobriété également dans notre façon d'être, en nous-mêmes, vis-à-vis des autres et de notre environnement : respect des autres, dit le texte; respect de la nature, ajouterai-je.

Vendredi 21 août 2008, consécration du centre bouddhiste tibétain de Lerab Ling, à Roqueredonde, tout près de Lodève.

Le Dalaï-Lama s'adresse à la foule. Il salue longuement les représentants de toutes les religions présents dans le temple, chrétiens et juifs. Il évoque l'islam pour bien marquer la différence entre le fanatisme qui doit être combattu et la foi religieuse qui mérite le respect. Il célèbre les vertus de tolérance, de non-violence, de compassion qui font la force du bouddhisme. Je retrouve, dans son discours, cette même considération pour le fait religieux sous toutes ses formes, même si le bouddhisme originel n'affirme l'existence d'aucune divinité.

Pendant la cérémonie religieuse proprement dite – car c'est bien d'un cérémonial religieux qu'il s'agit, avec de riches offrandes déposées au pied des statues dorées du Bouddha et de longues prières incompréhensibles, psalmodiées à voix sourde par les lamas et les maîtres – je me suis senti spectateur. Dépaysé. Presque étranger.

J'ai préféré la discussion que nous avons eue la veille, pendant le dîner qui réunissait une petite dizaine d'amis, intéressés par le bouddhisme ou carrément convertis. J'essayais de comprendre. De comprendre leur engagement. De comprendre le pourquoi de ma présence parmi eux. « Concrètement, leur demandait Isabelle, qu'est-ce que la découverte du bouddhisme a changé dans votre vie ? » Comme toujours en pareille situation, la réponse demeure frustrante. Elle suppose le problème résolu, ou le chemin déjà parcouru : sérénité, détachement, paix intérieure, compassion envers autrui et envers le monde, conscience de l'impermanence, disent-ils. « Comment ? – Par la pratique quotidienne de la méditation. » Je me lâche et livre ma perplexité sur les exercices de méditation que recommandent finalement toutes les religions. Je vais même jusqu'à proférer une énormité : « Quand je m'efforce de méditer, je m'emmerde assez rapidement. » Isabelle me reprochera mon indélicatesse à l'égard de ces adeptes convaincus des vertus de la méditation...

Dans le doute, je reviens à mon Eglise et je suis le conseil de Pascal. Je fais les gestes de la foi. Je marche. Pour des raisons météorologiques, nous n'avons pas beaucoup progressé, Isabelle et moi, sur le chemin de Saint-Jacques-de-Compostelle. Mais nous sommes bien décidés à poursuivre. En quête de quoi ? Je ne sais pas. Ou je ne sais pas le dire. J'attends le déclic. Pascal, encore : « Joie, pleurs de joie. »

Prudemment, je me rabats sur la morale. Je ne me lasse pas des Béatitudes dont la beauté, la hauteur, la puissance me paraissent inégalables et inégalées.

Comte-Sponville encore : « Celui [...] qui m'en a le plus appris, en matière de morale, bien plus qu'aucun prêtre, bien plus, pendant longtemps, qu'aucun philosophe, c'est Georges Brassens. Tout le monde sait qu'il ne croyait pas en Dieu. Qui ne voit pourtant que sa morale [...] porte la trace des Evangiles, qu'elle leur reste foncièrement fidèle ? »

Et de citer « L'Auvergnat », « La Jeanne » ou « Le mécréant ».

Quand me déciderai-je à sauter le pas ? A sortir d'un complaisant scepticisme ? Le temps laissé au choix s'écoule. De plus en plus vite. Vertige.

Retour à Nanterre.

Il y a bien longtemps, dans mes années de « tournée » à l'Inspection des finances, j'avais fréquenté, quelques jours, la ville nouvelle. J'y avais vérifié, si je me souviens bien, les services de la Direction départementale de l'équipement. Images de bureaux impersonnels dans des bâtiments sans âme.

Je dus y retourner, à l'automne 1998, pour une deuxième audition chez le juge Desmure.

En quelques heures à peine, la messe fut dite. J'essayai de m'expliquer sur chacun des cas litigieux. Je plaidai, de bonne foi, qu'un militant pouvait parfaitement remplir ses obligations professionnelles aux heures normales de bureau, puis venir militer dans son parti politique. Car un parti ne travaille pas au rythme d'une administration ni d'une entreprise. Plusieurs témoignages, cependant, me mettaient en difficulté : des secrétaires du RPR affirmaient que tel ou tel collaborateur mis en cause était présent rue de Lille « en permanence ». Pour expliquer mon manque de vigilance, je rappelai qu'à partir d'avril 1993, j'avais été nommé ministre des Affaires étrangères; que j'avais donc délégué mes responsabilités de gestion à un secrétaire général adjoint, Jean-Louis Debré; que je l'avais chargé de mettre la maison en stricte conformité avec la nouvelle loi promulguée en janvier 1993; et que, dès lors, je n'étais physiquement présent au siège du RPR que de manière très épisodique. Mais je me rendis vite compte que la conviction du magistrat était faite et que mes arguments tombaient dans le vide. Il ne fut jamais agressif à mon égard, juste fuyant et approximatif. Peut-être se sentait-il mal à l'aise? J'étais, moi, atterré.

Puis vint l'attente. Interminable.

Mes avocats m'avaient convaincu de plaider la nullité de la procédure. Je ne comprenais pas grand-chose aux arguments de forme qu'ils invoquaient. Mais je leur faisais confiance. Certains de mes amis politiques me conseillaient, au contraire, de reconnaître tout de suite ma culpabilité; tout se réglerait alors, m'assuraient-ils, rapidement. Je ne me résignais pas à déclarer que j'avais intentionnellement monté un système illégal. Parce que ce n'était pas vrai. Je ne savais pas encore qu'en certaines circonstances, et notamment devant la justice, il vaut mieux ne pas jouer les bravaches mais battre sa coulpe avec humilité, ou plus exactement avec un rien d'hypocrisie.

Interminable attente de près de six années.

J'essayais de survivre, politiquement s'entend.

D'abord à Bordeaux. Mes amis m'entouraient. Mes adversaires me respectaient. Je travaillais avec, à mes côtés, des collaborateurs merveilleux : Didier Boucart, secrétaire général d'exception, qui remit d'équerre l'administration municipale et se tua littéralement à la tâche ; et mon jeune directeur de cabinet, enthousiaste et créatif, Philippe Pireyre, dont le suicide inattendu reste pour moi un mystère et une souffrance. J'avais lancé mon « projet urbain », afin de réveiller la « belle endormie » : un tramway, moderne et beau ; la renaissance des deux rives du fleuve ; et plein de chantiers dans tous les quartiers. J'y croyais avec passion. Je m'impatientais quand les choses n'avançaient pas aussi vite que je l'espérais. Aujourd'hui, avec le recul, je me rends compte qu'en une décennie, la ville s'est métamorphosée.

En toute logique démocratique, j'aurais dû perdre l'élection municipale de 2001. Les rues du centre-ville étaient, presque partout, éventrées par les travaux du tramway : j'avais entrepris la construction simultanée de trois lignes se croisant en plein cœur de la cité. Pendant la campagne électorale, je me rassurais en écoutant le récit que me faisaient les visiteurs arrivant à la mairie en taxi.

Le scénario de leur conversation avec le chauffeur était toujours le même :

– Premier temps : « La mairie nous emmerde ! La circulation est impossible. Nous ne pouvons plus gagner notre vie. »

– Quelques instants plus tard : « Ah ! Il fallait bien faire quelque chose. La ville était complètement endormie. Elle avait besoin d'un traitement de cheval. »

– Et pour finir : « Et puis, quand les travaux seront achevés, ce sera magnifique. Alors, ça vaut la peine de souffrir. »

Je fus réélu dès le premier tour, ce qui me mit du baume au cœur. Je conservai même la présidence de la communauté urbaine, bien que mon groupe y fût minoritaire (d'une seule voix, il est vrai). J'hésitai à me présenter. Mes amis m'encourageaient. Mais c'est un maire socialiste qui me décida en me disant : « Allez-y ! Vous serez élu. » Il se trouva, en effet, deux conseillers de gauche pour considérer que, après tout, j'avais démontré ma capacité à faire avancer les dossiers. La majorité éructa pendant quelques semaines. Puis tout s'apaisa. Je reconstituai un « exécutif » bipartisan avec des vice-présidents de gauche et de droite, comme je l'avais fait, dans un autre contexte, dès 1995. En somme, à Bordeaux, nous pratiquons l'ouverture depuis belle lurette... Durant près de quatre années, je pus donner les impulsions nécessaires à la mise en œuvre de mon projet urbain. La vie n'était certes pas rose tous les jours, sans jeu de mots. Le président du groupe socialiste, Alain Rousset, qui, dès cette époque, devait préparer sa candidature à la mairie de Bordeaux, cherchait par tous les moyens à me mettre des bâtons dans les roues. A sa manière. Jamais frontale. Toujours cauteleuse. Avec une tactique qu'on retrouve souvent dans les institutions communautaires : « On en fait trop pour la ville centre. Il n'y en a que pour Bordeaux ! L'aménagement des quais est une opération pharaonique... » Il me fallait périodiquement démontrer, chiffres à l'appui, que l'équilibre était globalement respecté ; et que construire trois lignes de tramway se croisant en cœur d'agglomération ne pouvait évidemment se faire sans investir lourdement dans la ville centre.

Mais, bon an mal an, les choses avançaient. Quand, en 2008, Alain Rousset m'affronta en prétendant que la « belle endormie » s'était de nouveau assoupie, les Bordelais ne le crurent pas.

Et à Paris, que faire ?

Chirac se débattait dans les affres de la cohabitation.

Le RPR, sous la houlette de son nouveau président, Philippe Séguin, et de son nouveau secrétaire général, Nicolas Sarkozy, ne faisait pas merveille. En 1999, le tandem se prit même méchamment les pieds dans le tapis électoral.

Séguin commença par annoncer qu'il conduirait lui-même la liste européenne, qui, en ce temps-là, était encore une liste nationale. Puis, au fur et à mesure que les sondages montrèrent les dangers de l'opération, son enthousiasme faiblit. Il finit par déclarer forfait, le 16 avril, à quelques semaines du scrutin.

Je lui reconnais des circonstances atténuantes. Les Amis de Jacques Chirac, association présidée par Bernard Pons qui s'était autoproclamé héraut en chef du Président, lui menaient la vie dure.

Ce fut en tout cas la panique dans les rangs gaullistes.

Nicolas Sarkozy reprit courageusement le flambeau, mais ne put redresser la situation. Le 13 juin, il réalisa, avec Alain Madelin qui lui apportait les voix de DL (Démocratie libérale), un score inférieur à celui de Charles Pasqua associé avec Philippe de Villiers. Quand nous évoquons les hauts et les bas de la vie politique, Nicolas prend souvent en exemple sa mésaventure électorale de 1999 pour me persuader qu'on remonte toujours du fond de la piscine. A condition de donner de vigoureux coups de talon...

Pendant ce temps-là, Chirac, que je continuais à voir régulièrement, m'encourageait à persévérer.

J'avais naturellement un peu de mal à exister. Quelques amis dont Maurice Gourdault-Montagne et Vincent Le Roux m'aidèrent à créer une association, à l'installer dans ses bureaux et à lancer un travail de réflexion. Ce fut France moderne. Je la déclarai comme parti politique pour que son financement soit transparent, strictement conforme aux règles en vigueur. L'initiative ne souleva pas les foules mais me permit de réunir quelques bons esprits qui contribuèrent utilement au débat d'idées.

France moderne organisa à Bordeaux un beau colloque sur l'éducation où je conviai des enseignants de toutes sensibilités, des syndicalistes, des élus, des parents d'élèves, des intellectuels dont Alain Finkielkraut. J'appréciai la manière provocatrice dont il moquait le « pédagogisme » ambiant et vantait la relation d'autorité qui existe forcément entre celui qui transmet le savoir et celui qui le reçoit. Pour ma part, je développai quelques-unes de mes marottes, notamment le rôle pivot du chef d'établissement : « Dès que je franchis le seuil d'une école, d'un collège ou d'un lycée, je sais s'il est dirigé... ou autogéré, c'est-à-dire pas géré du tout. Il faut donner au chef d'établissement les moyens d'exercer son autorité. » Nous eûmes un petit succès d'estime, quelques reprises dans la presse... et peu d'écho, à cette époque, au ministère de l'Education nationale.

Pour parler d'immigration et d'intégration, j'utilisai une méthode différente. Nous constituâmes un groupe de travail qui prépara un document de réflexion très fouillé. Je le présentai à la presse. Il fit du bruit, y compris à la une du *Monde*. J'y écrivais noir sur blanc que l'islam est une des grandes religions de France et mérite dès lors la même reconnaissance que les autres ; j'y prenais clairement position pour une nouvelle politique de l'immigration qui nous permette non plus de subir mais d'organiser les flux migratoires, au besoin par un système de quotas. Le RPR me trouva audacieux.

De l'audace, nous en eûmes aussi avec Jacques Toubon dont le Club 89 se rapprocha de France moderne pour tenter d'écrire une constitution européenne. Nous fûmes, je crois, les premiers à utiliser la formule, avant Joschka Fischer et Jacques Chirac. J'aime bien Jacques Toubon. Il est brouillon, dit-on. Ce n'est pas faux, mais le suis-je assez ? Il est surtout imaginatif et enthousiaste. Et fidèle.

Nous nous fîmes plaisir en bâtissant un projet qui faisait de la Commission européenne un véritable gouvernement, responsable devant le Parlement européen. Nous renforcions aussi le rôle des Parlements nationaux. On le voit, tout, dans notre travail, n'était pas farfelu.

Je me fis encore plaisir en publiant dans *Le Figaro* une tribune libre dans laquelle je préconisais, pour clarifier la décentralisation, de supprimer le département. La réaction de Jacques Chirac fut immédiate : il m'appela de l'Elysée pour m'avertir que j'allais me faire beaucoup d'ennemis, notamment au Sénat. Et tout cela, pour des prunes.

Bref, je faisais ce que j'aime par-dessus tout : avant d'agir, agiter des idées.

A l'Assemblée, je me morfondais. Je n'avais pas vraiment l'expérience de la vie parlementaire. Elu député pour la première fois en 1986, j'étais tout de suite entré au gouvernement. En 1988, j'étais devenu secrétaire général du RPR, ce qui me conférait un statut particulier et m'exonérait de bien des servitudes qui pèsent sur le parlementaire « de base ». De 1993 à 1997, de nouveau le gouvernement. Puis la dissolution, dont je portais (presque) tout le péché, même aux yeux des députés réélus qui avaient surmonté l'obstacle. J'étais donc présent mais discret, un peu zombie. J'assistais aux réunions de groupe, sans y prendre souvent la parole. J'étais assidu aux réunions de la commission des affaires étrangères où je m'étais inscrit. On m'y traitait avec considération, mais je ne voulais pas donner l'impression de la ramener. Je participais aux journées parlementaires, comme j'avais commencé à le faire à Menton dès 1997. Prudemment, quelques amis commençaient à revenir vers moi. Le mouvement s'accéléra à partir de 1999, après le départ de Séguin et de Sarkozy. Le RPR se sentait orphelin. Pouvais-je redevenir le père ? Je n'en avais pas encore envie. De surcroît, les conditions n'étaient pas vraiment réunies. L'épée de Damoclès de la justice restait suspendue au-dessus de ma tête. Aucune information ne me parvenait de Nanterre. C'était toujours l'attente. Mais au plus profond de moi rôdait l'incertitude. Je ne me sentais pas bien dans ma peau.

Je restai donc prudemment en recul des turbulences qui agitèrent le parti pendant l'année 1999. Le nouveau président devait être élu au suffrage universel direct par l'ensemble des militants. Plusieurs candidats se déclarèrent : Patrick Devedjian, un proche de Sarko ; François Fillon, encore féal de Philippe Séguin ; Michèle Alliot-Marie qui, depuis la présidentielle de 1995 où elle s'était définie comme « la passerelle » entre Chirac et Balladur, voulait jouer dans la cour des grands. Aucun des prétendants n'inspirait confiance à l'Elysée. Je m'efforçais depuis longtemps de réconcilier Chirac et Fillon. Je vantais au premier les qualités intellectuelles du second. En vain. Le Président continuait à se méfier et, pour tout dire, ne tenait pas le député de la Sarthe en haute estime. Je n'ai d'ailleurs jamais très bien compris pourquoi. Car il savait pardonner les erreurs d'aiguillage et nombre de séguinistes, à commencer par le premier d'entre eux, avaient retrouvé grâce à ses yeux. Il y avait autre chose. Mais quoi ? Mystère. En tout cas, Chirac et son entourage élyséen cherchèrent à susciter une autre candidature. Leur choix se porta sur Jean-Paul Delevoye, homme de raison, élu de terrain qui semblait plaire aux militants. La campagne en décida autrement. Il faut dire que Michèle Alliot-Marie, escortée de son compagnon Patrick

Ollier, y mit beaucoup d'allant. Certes, Delevoye la devança d'une courte tête au premier tour, mais, au second, elle bénéficia du désistement de Fillon et de Devedjian pour qui l'objectif prioritaire était de faire battre le candidat officiel. L'Elysée avala la couleuvre. Quant à moi, je me projetais déjà dans la suite et je ne m'étais pas vraiment mouillé. Tout juste avais-je accueilli Michèle à Bordeaux, sur mes terres, à l'occasion d'un de ses meetings, et lui avais-je adressé quelques paroles d'encouragement. Elle n'avait jamais été réellement « juppéiste », et eut donc peu de raisons de le devenir...

Ce qui m'intéressait davantage, c'était l'évolution de nos groupes parlementaires à l'Assemblée nationale. D'un côté, le groupe RPR bien tenu en main par Jean-Louis Debré dont chacun savait qu'il relayait, sans états d'âme, les consignes de l'Elysée. De l'autre, le groupe UDF-Alliance piloté par Philippe Douste-Blazy, malgré François Bayrou, et, depuis 1998, le groupe Démocratie libérale et Indépendants constitué par les amis d'Alain Madelin et présidé d'abord par José Rossi, puis par Jean-François Mattéi.

Je m'aperçus très vite qu'il n'y avait rien à espérer des présidents de groupe. La fonction crée... la conviction. Chacun d'entre eux tenait à son fauteuil comme à la prunelle de ses yeux. Ce qui est humain. Ils habillaient leur refus obstiné de toute fusion des groupes sous les oripeaux un peu usés de l'« identité », de la cohésion et donc de l'efficacité. Ce discours était reçu avec un scepticisme grandissant par leur base parlementaire. Beaucoup de députés s'étonnaient que nous ne fussions pas capables de nous réunir tous ensemble pour préparer nos questions au gouvernement ou ajuster nos positions sur les textes qui nous étaient soumis. Pourquoi siéger dans deux salles différentes alors que nous finissions la plupart du temps par adopter des positions convergentes ? A quoi Debré rétorquait que l'UDF manquait de colonne vertébrale et faisait preuve d'une indulgence excessive à l'endroit du gouvernement de Lionel Jospin.

Il valait donc mieux, selon lui, délibérer séparément pour « bétonner » la position du RPR, puis déléguer aux présidents de groupe la responsabilité d'harmoniser les points de vue. Cette façon de faire ne nous convenait pas, car les décisions qui sortaient de la rencontre des présidents étaient souvent en retrait par rapport à ce que nous attendions. Face au gouvernement et au Parti socialiste qui avaient le vent en poupe, la division de nos forces paraissait de plus en plus anachronique. Les partisans d'un rapprochement, voire d'une fusion, commencèrent à donner de la voix. Je leur fis savoir que leur mouvement m'était sympathique. Peu à peu, une petite équipe se constitua autour de Dominique Perben, pourtant toujours prudent, de Dominique Dord, issu de la cuvée 1997 et plein d'impatience communicative, mais aussi d'Eric Woerth, d'Hervé Gaymard, de Dominique Bussereau qui faisait le lien avec Jean-Pierre Raffarin, de Renaud Dutreil, de Nicole Ameline, de Michel Herbillon... J'en oublie beaucoup. A force de pression, nous avions obtenu la création d'un « intergroupe » qui rassemblait tous les députés de nos groupes, et nous offrit une nouvelle tribune. Nous parvînmes, au cours d'une séance turbulente, à faire mettre aux voix une motion de fusion des groupes... qui recueillit une majorité de voix. Las !

Dans un souci d'apaisement, j'avais proposé qu'on déléguât aux présidents en exercice le soin de mettre en musique l'opération. Ils s'empressèrent de ne pas respecter le mandat qui leur avait été donné et les choses restèrent à peu près en l'état.

Il fallait donc agir à un autre niveau.

Ma conviction se renforça tout au long de l'année 2000. L'union : c'était, désormais, la carte à jouer, dans l'intérêt de nos formations politiques mais aussi, peut-être, dans le mien. Je tenais ma nouvelle croisade. Je devais maintenant en convaincre celui qui restait le « patron », et qui repartirait sans doute au combat en 2002, Chirac.

En décembre 2000, il nous invita, Isabelle et moi, à passer quelques jours à Brégançon à l'occasion des fêtes de Noël. Je me dis que c'était le moment idéal pour faire avancer ma cause.

Bernadette et lui nous accueillirent comme ils savent le faire : avec simplicité, gentillesse, attention. Aux petits soins. Très naturellement, comme si nous étions de la famille. Nous passions de bons moments à table. Isabelle surveillait sa ligne mais les tentations étaient irrésistibles. Ah ! la bouillabaisse de Brégançon sous Chirac ! Nostalgie, nostalgie...

Nous quittions le fort pour de longues marches, Bernadette et Isabelle devant, lui et moi les suivant tranquillement en discutant. Il y avait peu de touristes sur le chemin. Ceux que nous croisions nous souriaient et nous photographiaient. Bref, que du bonheur !

J'avais fourbi mes arguments : « La vieille division RPR/UDF n'a plus de sens aujourd'hui, disais-je. Les idées de nos deux formations se sont beaucoup rapprochées, y compris sur l'Europe. Vous ne gagnerez pas la prochaine élection présidentielle si vous n'êtes pas soutenu par un grand parti de la droite et du centre. Le moment est venu de moderniser le paysage politique français et d'organiser l'alternance entre deux forces principales : nous d'un côté, les socialistes de l'autre. C'est la seule manière de régler le problème du Front national. »

Chirac ne souleva guère d'objections. Je le savais en fait convaincu depuis longtemps. Mais il ne savait pas très bien comment s'y prendre avec le RPR. Et il ne voulait pas donner l'impression de chausser les bottes de Balladur qui se posait, depuis un certain temps, en champion du parti unique. En proposant de créer un mouvement respectueux des sensibilités de chacune de ses composantes, en écartant l'idée d'une fusion pure et simple, je lui offrais une alternative intéressante.

Je quittai Brégançon avec un mandat clair : engager le processus de création de la grande union de la droite et du centre. J'étais revigoré. Je retrouvais un terrain de combat. La traversée du désert débouchait sur de nouvelles perspectives. Je n'avais pas tout à fait perdu la main. Je pouvais replonger dans l'univers de la politique active dont j'avais été chassé si cruellement.

## 3

## L'humiliation (*suite*)

Rien n'a filtré. Quand nous entrons dans la salle d'audience du tribunal correctionnel de Nanterre, le 30 janvier 2004, mes avocats ne savent rien et se montrent donc raisonnablement optimistes. Dans quelques minutes, le ciel va me tomber sur la tête.

Les magistrats s'installent, visages fermés. La présidente lit le jugement d'une voix dure. Chaque prévenu, devenu condamné, encaisse le coup. Mon tour vient à la fin. Je comprends à peine la sentence. J'entends parler de prison, dix-huit mois, avec sursis. Mais aussi de trahison : « La nature des faits commis est insupportable au corps social comme contraire à la volonté générale exprimée par la loi; agissant ainsi Alain Juppé a, alors qu'il était investi d'un mandat électif public, trompé la confiance du peuple souverain... »

Je suis sonné. Je me sens cotonneux, images et sons me parviennent atténués, comme à travers un brouillard.

Francis Szpiner qui se met à éructer me ramène à la réalité. Il dénonce une « peine de mort politique ». Lui a compris : en laissant jouer automatiquement les dispositions de la loi de 1995 qui ne sont applicables à mon affaire que pour un seul des emplois « fictifs » dont le financement m'est reproché, et pour quelques semaines seulement, le tribunal vient de m'infliger dix ans d'inéligibilité. Sans attendre, Szpiner proclame : « Naturellement, nous faisons appel. »

Brouhaha. Agitation journalistique intense. Je cherche le regard d'Isabelle qui a tenu à assister à la séance. Nous nous rejoignons et nous tentons de nous frayer un chemin dans la foule qui nous presse. Nous avons prévu de nous réfugier loin de tout et de tous. Destination Honfleur. Ce n'est pas tout à fait la Normandie d'Isabelle. Mais j'aime l'endroit et je me dis qu'en plein mois de janvier, nous y serons tranquilles.

Le problème, c'est d'y arriver. La course-poursuite commence.

A la sortie du tribunal, nous nous séparons de nouveau. J'avais prévu que les motos des photographes et des cameramen prendraient en chasse ma voiture. Isabelle est à l'abri, dans un autre véhicule. Sage précaution. Les motards sont de vrais pros et savent se coller, à pleine vitesse, contre la portière. Flashes à travers la glace. Je me tasse sur la banquette arrière. Mon conducteur est habile, mais dans la circulation générale, il ne peut faire de miracle. J'ai prévu de m'arrêter en haut de la bretelle de Vaucresson qui rejoint l'autoroute de l'Ouest. J'ai vécu là pendant près de dix ans et je connais bien les lieux. Je change de voiture, j'enfile un jean, et je prends le volant. Isabelle suit toujours derrière. Les motos évoluent toujours autour de moi et ne décrochent pas sur l'autoroute. Mon officier de sécurité, de la voiture d'escorte qui continue à me suivre, me transmet un message : au prochain péage, la gendarmerie va tenter d'arrêter les motos quelques instants pour nous permettre de nous réunir, Isabelle et moi, et de prendre un peu d'avance. La ruse réussit. Nous n'avons pas été rejoints quand nous prenons la bifurcation en direction de Deauville et Honfleur. Ouf ! Nous nous imaginons que nous sommes enfin seuls !

Naïfs ! Nous déchanterons quelques jours plus tard quand nous découvrirons, dans *Paris Match*, une photo de nous deux prise au téléobjectif. Amoureux transis, dans une rue déserte de Honfleur, sous une pluie fine et triste. Ils nous ont eus !

Le pompon, c'est qu'un quidam nous demandera un jour combien nous avons touché pour la photo !

L'hôtel de Honfleur est confortable. De la fenêtre de notre chambre, nous voyons de gros cargos sortir de l'estuaire de la Seine. Il fait gris. Petite pluie fine. Pas de promenade ce soir. Nous nous retrouvons autour de la piscine intérieure dont l'hôtel s'est doté il y a quelques années. Nous sommes seuls. De la tristesse flotte dans l'air saturé d'humidité. Je respire lourdement. Pourtant, Isabelle, à mes côtés, c'est mon oxygène à volonté. Elle ne flanche pas. Je la sens aimante. Elle reçoit, sur son portable, plein d'appels amicaux : « Courage ! », « C'est injuste ! », « Il ne faut pas renoncer ! »

C'est aussi son message. Quand j'envisage de tout laisser tomber, doucement, elle m'en dissuade, elle me dit des mots de confiance et de sagesse, elle me conseille de prendre du temps... Peu à peu, la douceur opère ; le calme revient dans ma tête et dans mon cœur.

Dès le lendemain, rechute.

Nous quittons Honfleur pour rejoindre Coutainville, sur la côte du Cotentin, où la famille d'Isabelle nous attend. Très vite, les photographes, qui nous avaient en fait dénichés à Honfleur, sont de nouveau sur notre piste. On nous prévient, j'imagine des ruses de Sioux, par exemple de rejoindre le frère d'Isabelle devant l'église d'Agon, où nous changerons de véhicule. La manœuvre semble marcher. Pour peu de temps. Bientôt, la maison est encerclée d'une meute et nous devons entrebâiller les volets pour échapper au viol médiatique. Peut-être aurais-je dû, pour avoir la paix, aller au contact et offrir le spectacle de mon chagrin à la curiosité publique ? Mais ce qui intéresse, ce n'est pas l'homme debout, c'est l'homme surpris à terre.

De retour à Paris, il faut bien que je m'exprime et que je m'explique. Certains commentateurs ne vont-ils pas jusqu'à me reprocher de faire appel ? Ils font valoir qu'en cas de condamnation, je m'étais engagé à quitter la vie politique. C'est vrai. Mais pas n'importe comment ! Pas après une décision aussi manifestement outrancière qui veut blesser, humilier, détruire.

C'est ce que je dis à PPDA qui m'accueille une nouvelle fois dans son journal. Je sens chez lui de l'émotion, de la compassion, du respect. Ce qui me détend. Il me laisse parler, sans me bousculer. Je trouve les mots pour dire ce que je ressens au plus profond de moi-même : la peine, l'humiliation, le sentiment d'injustice, bien sûr. Mais je reste sobre. J'évite de me plaindre. Il y a tant de malheurs plus cruels autour de nous. J'évite aussi de mettre en cause qui que ce soit d'autre. J'insiste sur ma volonté de ne pas laisser en plan les responsabilités qui m'incombent : Bordeaux, ma ville ; l'UMP, mon parti. Mon objectif est de préparer calmement les transitions nécessaires.

Isabelle, qui n'est jamais indulgente pour mes interventions à la télévision, trouve mon ton juste. De nombreux témoignages me parviendront dans le même sens. Le mot de « dignité », souvent employé, me réchauffe. Je vais tenir.

A Bordeaux, d'abord.

En 2001, lors des élections municipales, les Bordelais m'ont renouvelé leur confiance. A la communauté urbaine comme à la mairie, je poursuis la réalisation de mon projet urbain qui est en train de métamorphoser la ville et la vie.

Dimanche 21 décembre 2003, inauguration de la première tranche de notre tramway. J'ai demandé à Jacques Chirac de présider la cérémonie. C'est une belle journée d'hiver. Il y a foule. Une petite ombre au tableau : au moment de monter dans la rame, on nous annonce qu'une panne inexplicable vient de paralyser le réseau. Tout le monde fait contre mauvaise fortune joyeuse mine. Enthousiasme envers le tramway (dont les essais matinaux avaient été un grand succès). Chaleur populaire à l'égard du président de la République. La fête est réussie. Je suis heureux au milieu de mes Bordelais.

Je ne vais quand même pas envoyer bouler tout cela, et passer par pertes et profits près de dix ans d'un travail acharné !

Après le verdict, mon équipe n'a pas bronché. Je la sens même plus soudée que jamais. L'administration travaille efficacement. A aucun moment, dans mon opposition, socialistes et communistes n'ont mis en cause ma légitimité. Seul le Front national, égal à lui-même, m'a vilipendé. Mais à Bordeaux, terre de mesure, il compte peu.

J'annonce donc que je reste à mon poste, jusqu'à la décision de la cour d'appel.

Pendant toute l'année 2004, j'ai pu travailler sereinement à Bordeaux, et faire avancer tous mes projets. J'en suis toujours reconnaissant aux Bordelais dont la confiance m'a donné le courage dont j'avais besoin.

Tenir l'UMP, ensuite.

Ici, les choses risquent d'être plus compliquées.

Certes, c'est mon bébé. J'en suis le président-fondateur, mais l'accouchement a été difficile et je n'ai pas que des amis dans les rangs du parti. Cela étant, j'ai trop investi pour laisser tomber du jour au lendemain.

A mon retour de Brégançon, dès les premiers jours de janvier 2001, je me suis mis en ordre de bataille.

J'avais le feu vert de Chirac et donc le soutien des équipes élyséennes. Mon correspondant privilégié, quasiment mon officier traitant, serait Jérôme Monod.

Nous sommes unis, l'un et l'autre, par une profonde complicité politique, mais plus encore intellectuelle et morale, qui remonte aux premiers temps de ma vie politique. C'est lui qui, le premier, m'a fait entrer dans la chiraquie, quand il dirigeait le cabinet du Premier ministre en 1976. C'est lui qui m'a embarqué dans l'aventure du RPR dont il a été le premier secrétaire général. Il m'avait chargé du secteur des « études » qui, aux yeux des barons du parti gaulliste, apparaissait alors comme une étrangeté, voire une incongruité. Très vite, notre tandem fonctionna à merveille. J'appréciais sa rigueur, sa précision, sa puissance de travail. J'aimais répondre ponctuellement à ses commandes, et c'est ainsi que nous avons publié toute une bibliothèque de petits ouvrages programmatiques qui constituèrent peu à peu le corps de doctrine du RPR : sur la fiscalité, sur le logement, sur l'aménagement du territoire, sur « la démocratie du quotidien » qui n'était pas autre chose qu'une défense et illustration de la « démocratie participative » avant l'heure. Je conçus l'ambition de réunir tous ces travaux en un livre-programme pour servir au prochain combat électoral. J'eus la mauvaise idée d'en communiquer l'avant-projet à Marie-France Garaud qui le flingua immédiatement auprès de Chirac, pour cause de gauchisme techno. Je savais que Jérôme vivait douloureusement sa « cohabitation » avec l'intéressée, avec Pierre Juillet, avec Charles Pasqua, tous caciques considérables, difficilement atteignables pour le militant néophyte que j'étais mais dont les manœuvres étaient le pain quotidien. Par fidélité personnelle à Chirac, Monod but le calice jusqu'au bout, c'est-à-dire jusqu'aux élections législatives de 1978 que, contre toute attente, la majorité sortante remporta. La campagne forcenée de Chirac n'y était pas pour rien ! Mission accomplie, Monod claqua la porte et entra dans le privé.

Je savais que je pouvais compter sur son aide, discrète mais efficace.

Il me fallait aussi des alliés « politiques ».

Paradoxalement, c'est parmi les responsables de l'UDF que je reçus le meilleur accueil. D'emblée Jean-Pierre Raffarin s'engagea, et avec lui bon nombre de giscardiens « historiques » ou plus jeunes tels Dominique Bussereau ou Nicole Ameline.

Toujours à DL (Démocratie libérale), Jean-Claude Gaudin répondit très vite présent. Chez les démocrates-chrétiens, Philippe Douste-Blazy fit de même. Et puis Renaud Dutreil, Michel Herbillon, Henri Plagnol... et beaucoup d'autres qui me pardonneront de ne pas les citer.

Au RPR, on ne se bousculait pas au portillon !

Michèle Alliot-Marie, très attachée à la présidence du mouvement gaulliste qu'elle avait conquise de haute lutte, ne voulait pas entendre parler de la disparition du parti. Jean-Louis Debré, par conviction sans doute mais aussi par « état », demeurait allergique à tout processus de rapprochement ou de fusion : la présidence du groupe RPR à l'Assemblée nationale lui donnait le moyen de faire entendre sa voix et je sentais qu'il n'avait nulle envie d'y renoncer. Le patriotisme de parti était curieusement très fort chez beaucoup de gaullistes. Dieu sait si j'avais souvent entendu mes compagnons proclamer que le RPR, comme l'UNR ou l'UDR en leur temps, était un « rassemblement » ou un « mouvement », et pas un parti. Réminiscence, sans doute, de la dénonciation du « régime des partis » par le général de Gaulle lui-même...

Avec le recul, je me pose une question : Chirac avait de l'influence, c'est le moins qu'on puisse dire, sur Debré et beaucoup d'autres responsables du RPR ; pourquoi ne leur demanda-t-il pas de s'engager plus franchement dans la bataille de l'union, à mes côtés ? Art de conserver deux fers au feu, qu'il a toujours pratiqué avec une maîtrise consommée ? Volonté de ne pas se mêler des affaires partisanes, à un moment où il refusait encore de lever le moindre coin de voile sur sa possible candidature à l'élection présidentielle de 2002 ? Je ne sais.

Du côté de Nicolas Sarkozy, la réaction était limpide. Il flairait le risque : si je réussissais à créer un grand parti de la droite et du centre, n'allais-je pas, tout naturellement, en briguer la présidence, pour devenir, le coup suivant, son candidat tout désigné à l'élection présidentielle ? Je compris qu'il ne m'aiderait pas...

Je pouvais, en revanche, m'appuyer sur Dominique Perben, Bernard Accoyer ou Xavier Darcos qui avaient un tempérament et une culture politiques les portant à l'union. Et sur beaucoup de jeunes responsables, parlementaires ou non, qui partageaient mon objectif. Parmi eux, Eric Woerth était le plus constant.

Tout au long de l'année 2001, il me fallut beaucoup de persévérance pour pousser les pions de l'union.

Sous l'impulsion de Jérôme Monod, nous avions constitué un « collectif » d'une vingtaine de membres qui mit notamment en chantier un projet de statuts de ce que nous commencions à appeler l'Union pour la majorité présidentielle. Nous confiâmes à Renaud Dutreil le soin d'animer le groupe de travail qui devait élaborer ce projet.

Nous prîmes l'habitude de nous réunir au Sénat où Christian Poncelet nous accueillait avec bienveillance. Les séances étaient parfois agitées. D'un côté, les « unionistes » poussaient à la fusion pure et simple ; de l'autre, les « réalistes » tiraient dans le sens d'une simple confédération, souple et respectueuse de l'identité de chacune de ses composantes. Bref, la réédition de ce que nous avions déjà réalisé entre RPR et UDF à plusieurs reprises à l'approche des échéances électorales. Passé le jour du scrutin, il n'en restait généralement rien. Qui se souvient de l'URC ou de l'Alliance? Je voulais aller plus loin. Mais je m'obligeais, en réunion, à une certaine retenue. Je ne voulais effaroucher personne. Monod me conseillait de ne pas pointer trop tôt le bout de l'oreille, au risque de me faire flinguer par mes petits camarades. Mais on est comme on est! Il m'arrivait de monter au créneau plus ouvertement qu'il n'eût fallu. J'ai même le souvenir de quelques franches engueulades avec Michèle Alliot-Marie ou avec Jean-Louis Debré, quand leur tactique de blocage systématique me devenait insupportable.

Petit à petit, nous donnâmes de la publicité à l'entreprise.

Nous tînmes meeting pour la première fois à Paris, à la Mutualité, sous la présidence de Jean-Claude Gaudin et de Philippe Douste-Blazy. Je ne sais plus qui représentait le RPR. Je restai pour ma part discrètement assis dans la salle. Il y avait du monde et de l'enthousiasme.

Il fallait aussi donner un programme à l'UMP naissante. Chirac ne se dévoilait toujours pas. Nous en étions donc réduits à parler à sa place pour proposer aux Français une perspective nouvelle pour les années 2002-2007. Je me lançai à corps perdu dans la gamberge programmatique qui est, je l'ai dit, ma tasse de thé. Et nous fîmes ensemble du bon travail. François Fillon s'y associa; j'eus de nouveau l'occasion d'apprécier le sérieux de sa réflexion.

C'est de cette époque que date en vérité la réhabilitation de la valeur « travail ». Nous en fîmes l'axe principal de nos propositions.

Et pendant ce temps là, *nihil novi* du côté de Nanterre. L'attente. Jusqu'à l'oubli. Parfois, je me réveillais en sursaut : à quelle sauce allait-on me manger? Chirac me tenait le même discours lénifiant : « Vous verrez, ça s'arrangera... » Je lisais autre chose dans le regard d'Isabelle. De l'inquiétude. Mais surtout de l'amour. Alors je replongeais dans le travail.

En août 2001, je reçus à Bordeaux la visite de Nicolas et de Cécilia. Ils venaient en voisins, du bassin d'Arcachon tout proche où ils passaient leurs vacances. Nous dînâmes au Pavillon des boulevards, une des meilleures tables de Bordeaux. Comme toujours, l'ambiance fut tonique. On ne s'ennuie jamais avec Sarko. J'ai retenu de la conversation une proposition qui ne manquait pas de piment :

« Voilà, me dit Nicolas, avec l'approbation marquée de Cécilia, je te propose un pacte. Nous allons faire équipe ensemble. Chirac sera candidat à la prochaine élection présidentielle et il sera battu. Le soir du deuxième tour, nous irons tous les deux sur le plateau de TF1 et nous dirons aux Français qu'ensemble nous reprenons le flambeau. Ensemble, toi devant, moi dans ta roue, nous serons irrésistibles. »

J'en restai baba. Et j'eus la naïveté, ou la sottise, de lui répondre :

« Mais ne crains-tu pas que nous apparaissions comme des *has been* ou des *losers*? J'ai perdu les législatives de 1997, toi les européennes de 1999. »

Cela lui fit un choc. Aujourd'hui encore il me ressert l'anecdote, pour bien souligner mon erreur de jugement, du moins en ce qui le concerne.

Mais l'idée du tandem est toujours présente dans sa tête. Déjà en 1997, pour la conduite du RPR. Et même encore en 2007, au moment de l'élection présidentielle et de la constitution du gouvernement. Mais cette fois, bien sûr, lui devant et moi derrière. Comme toujours, il y a chez lui, quand il fantasme, une part de sincérité. Et chez moi de méfiance. Excessive sans doute...

A partir de septembre, constatant que Chirac se murait dans son mutisme, nous décidâmes de nous mettre en campagne.

Les meetings se succédèrent en province, parfois sous le regard méfiant des apparatchiks locaux du RPR. Mais je gardais des relations personnelles confiantes avec la plupart d'entre eux et ma présence les rassurait. En tout cas, les gens venaient et manifestaient une curiosité intéressée.

En février 2002, le silence de Chirac se prolongeant, nous cherchâmes à passer à la vitesse supérieure. Ce fut la grande convention organisée à Toulouse, avec l'aide efficace de Philippe Douste-Blazy. Il y eut beaucoup de monde. On sentait l'enthousiasme monter. Je me dis que nous avions réussi notre opération... jusqu'à ce que François Bayrou entre en scène. Il avait demandé à prendre la parole, et, malgré les avertissements de mes amis, je ne voyais pas de raison de la lui refuser. Son discours fut une attaque en règle de l'union qu'il présenta comme une tentative d'embrigadement des centristes à laquelle il ne se prêterait pas. Il sait être brutal. Ce soir-là, il mit la gomme. La foule commença à siffler. J'esquissai un geste d'apaisement. Je me rendais compte que l'effet médiatique de cette sortie allait être désastreux. A la fin de son intervention, il quitta rapidement la tribune. Je bondis en scène et le rappelai. Je le vis hésiter dans les coulisses. Il finit par céder à mon invite et je pus lui serrer ostensiblement la main devant le public... et les caméras. Façon de dire : « Rien n'est irréversible; nous restons ouverts au dialogue. » Mais le mal était fait. Le soir, je ramai désespérément devant la caméra de FR3, installée dans la grande halle déserte, pour expliquer que la dynamique de l'union était en marche. J'entendais les commentaires : « Bayrou torpille l'UMP. »

Je ne lui en ai pas voulu outre mesure. J'ai toujours été indulgent à son égard. Je me demande bien pourquoi, d'ailleurs. Dans mon gouvernement, je lui avais confié l'Education nationale. Ce n'était pas son choix. Il rêvait des Affaires étrangères. Mais Chirac n'en voulait pas. Je m'étais dit qu'en le maintenant au poste qu'il avait occupé dans le gouvernement Balladur, j'assurais une forme de continuité et donnais un signe de réconciliation. Faute de mieux, il accepta car il voulait à toute force rester ministre. Pendant deux ans, il fit preuve d'une formidable capacité d'immobilisme. Echaudé par les manifestations d'étudiants et de lycéens qui avaient failli l'emporter quand il avait voulu, sous Balladur, s'attaquer à la loi Falloux, il était décidé à ne prendre aucun risque et donc à ne rien faire. Je lui avais pourtant passé commande d'une réforme du système éducatif sur laquelle j'avais quelques idées. Périodiquement, j'interrogeais le conseiller technique qui suivait les questions d'éducation à mon cabinet et qui s'appelait Xavier Darcos : « A-t-on des nouvelles de la rue de Grenelle ? » La réponse était invariablement la même : « On ne voit rien venir. » Il est vrai que, dès le mois de décembre 1995, Bayrou avait perdu confiance dans mon avenir politique et donnait donc la priorité absolue à la préparation du sien.

J'ai pourtant de la sympathie pour l'homme. Est-ce son origine béarnaise ou sa réelle culture littéraire ? Je me sens des atomes crochus avec lui. Il a certes un caractère de cochon. Quand, au moment de la préparation de la loi de finances pour 1997, je tentai de lui imposer une réduction des effectifs d'enseignants, il se roula quasiment par terre dans mon bureau. Mais après tout, je ne déteste pas les gens de caractère. Ni les hommes politiques qui ont une confiance absolue en leur étoile. C'est son cas. Au soir du premier tour de l'élection présidentielle de 2002, où il avait obtenu 6,84 % des voix, je lui passai un coup de téléphone amical pour le réconforter. Je m'attendais à le trouver un peu abattu. Quelle ne fut pas ma surprise de l'entendre glorieux au bout du fil, persuadé que l'avenir lui appartenait ! Quelques années plus tard, après une autre élection présidentielle, celle de 2007, où, cette fois, il avait toutes raisons de faire le fier, nous déjeunâmes ensemble à Paris, dans un restaurant de cuisine gasconne. Ce fut un moment sympathique. Il me tint, sur mon compte, des propos élogieux, ce qui a toujours le don de me mettre de bonne humeur. Je fus renforcé dans le sentiment que, décidément, nous avions un peu la même tournure d'esprit. C'est à ce moment-là que se forma notre alliance en vue des élections municipales de 2008, cantonnée il est vrai à l'Aquitaine... ou même à la seule agglomération bordelaise. Je comprenais sa tactique : il voulait pouvoir dire qu'à Lille, il soutenait un maire socialiste, et à Bordeaux un UMP. « Ni gauche, ni droite. » Ou « gauche autant que droite » : alliances à la carte. En l'occurrence, j'en tirai parti... J'observe aujourd'hui, avec quelque scepticisme, sa dérive antisarkozyste. Je continue certes à bien aimer son positionnement idéologique : ni libéralisme ni socialisme, proclame-t-il, mais humanisme. Je pourrais en dire autant. Ce qui continue à me gêner, c'est l'hypertrophie du moi et la volonté farouche d'arriver seul au sommet qu'il affiche. Mais après tout, c'est peut-être l'une des conditions du succès.

L'annonce de candidature de Chirac, fin février 2002, changea enfin la donne. Désormais chacun devait choisir son camp.

Méhaignerie nous amena les centristes qui n'avaient pas encore suivi Douste-Blazy. J'avais compris que le ralliement était en marche le jour où, invité par Jacques Barrot, Jean Leonetti, le maire d'Antibes, et quelques autres, à discuter des questions européennes, j'avais entendu mes hôtes déclarer : « Notre objectif, notre slogan, c'est la défense des intérêts de la France en Europe. » Je leur fis perfidement remarquer que c'était exactement le titre de la liste RPR aux élections européennes conduite par Jacques Chirac et Michel Debré en 1979. Le temps où centristes et gaullistes s'affrontaient sur l'Europe était bien révolu. Et la question de savoir qui avait fait le plus de chemin vers l'autre n'avait plus, finalement, qu'un intérêt historique.

Sarkozy, à son tour, sentit qu'il fallait faire mouvement. Il manifesta soudain du goût pour nos réunions. Comme à son habitude, il n'y alla pas par quatre chemins et s'invita tout de go. J'en éprouvai un peu d'agacement. Je me rappelais les efforts, le travail patient de conviction qu'il avait fallu faire pour rassembler les uns et les autres. Le voir se poser en fin de course comme la cerise sur le gâteau me rebroussait le poil. Ce fut tout particulièrement le cas lors d'un meeting à Périgueux où nous avions précisément réglé l'ordre des prises de parole : au dernier moment, Xavier Darcos, qui nous accueillait sur son territoire, m'apprit que Sarkozy serait des nôtres. Je reconnais que je fis la gueule. D'autant qu'il ne respecta évidemment pas son temps de parole, et quitta la salle dès les derniers mots de son discours-programme pour rejoindre son aéroplane.

J'avais encore beaucoup à apprendre ! Et de Sarko lui-même ! En pareil cas, il aurait ostensiblement ouvert les bras à la nouvelle recrue dont la venue confortait en fait son entreprise. Je laisse trop de place à l'impulsion, et pas assez au calcul. C'est une faiblesse.

Etrange campagne présidentielle que celle de 2002. La confrontation Chirac-Jospin avant le premier tour fut brutale. Le résultat de ce premier tour qui vit l'élimination de Jospin par Le Pen plongea le pays, et notre candidat lui-même, dans une sorte de stupeur. Je sentais Chirac traumatisé. Ses discours prenaient un tour solennel. La victoire était à portée de main, mais une victoire sans joie.

Parallèlement, nous préparions la suite. C'est-à-dire les élections législatives, la constitution du gouvernement et la transformation de l'UMP, qui n'était à l'époque que l'Union pour la majorité présidentielle, en un véritable parti.

Le quinquennat et la remise en ordre du calendrier électoral révélaient d'un coup leur puissance décapante.

La relation Président/Premier ministre n'était pas encore à l'ordre du jour. Lorsque j'avais pris parti, quelques années auparavant, pour l'instauration du quinquennat, je n'avais pas été favorable au grand chambardement qu'aurait constitué la présidentialisation pure et simple du régime. Je pensais qu'il fallait laisser agir le temps. A l'expérience, on verrait bien que la relation se modifierait, que le Président s'imposerait comme seul chef de l'exécutif et que le rôle du Premier ministre évoluerait vers celui de chef d'état-major.

Il y a fallu plus de temps que je ne le pensais. Le changement ne s'est pas produit sous Chirac qui n'en avait peut-être ni la volonté ni le tempérament. Et puis l'expérience d'un premier mandat de sept ans lui avait donné des habitudes, en partie confortables. Le choc est venu avec Sarkozy, sur lequel ne prenait aucune de ces raisons : ni l'habitude, ni le tempérament, ni la conception des institutions. D'où la réforme constitutionnelle de 2008, qui était en germe dans celle de 2000. Elle ne va certes pas jusqu'au bout de la logique de présidentialisation. Sans doute à raison. Mais elle prend bien acte du renforcement du pouvoir présidentiel en l'équilibrant par celui du Parlement.

A mes yeux, la séquence « élection présidentielle immédiatement suivie par les élections législatives », voulue à l'origine par Giscard, Bayrou et certains socialistes plus que par Chirac, a bouleversé l'équilibre des pouvoirs plus encore que la réduction de la durée du mandat présidentiel. L'objectif était de rendre la cohabitation, sinon impossible, du moins plus difficile et plus rare. Seule une dissolution de l'Assemblée nationale pourrait en théorie modifier le calendrier et déconnecter la présidentielle des législatives. Mais depuis 1997, le pouvoir de dissolution a perdu beaucoup de ses attraits...

La préparation du scrutin du printemps 2002 nous apporta la démonstration de la pertinence de cette analyse.

La commission d'investiture de l'UMP travailla sous la houlette de Bernard Accoyer et de Jean-Claude Gaudin, tous deux bons connaisseurs de la carte électorale. Je m'efforçai de faire prévaloir une règle absolue : pas d'investiture présidentielle sans adhésion à l'UMP. Il y eut quelques résistances. La seule qui persista fut évidemment celle de Bayrou. Nous nous trouvâmes alors devant un choix stratégique : présenter des candidats partout, y compris dans les circonscriptions détenues par des fidèles de Bayrou, ou leur laisser le champ libre de façon qu'ils puissent constituer un groupe dans la future Assemblée nationale. Nous nous engageâmes dans la seconde voie et je n'y fis pas obstacle. En situation de force, on a toujours tendance à se montrer généreux. Enfin, certains d'entre nous... D'autres préfèrent s'en tenir à un principe plus primaire : « Il faut toujours achever un adversaire politique quand il est à terre. » Nous ne l'avons pas fait. Mal nous en prit ! Nous ne fûmes pas payés de retour, puisque Bayrou présenta des candidats contre certains d'entre les nôtres et en fit battre quelques-uns.

Mais la principale leçon que je tire de ce scrutin législatif, c'est la modification radicale que le nouveau calendrier apporte à la dynamique électorale.

A preuve, les thèmes de notre campagne : nous n'eûmes pas à nous creuser longuement la tête. Un slogan s'imposa de lui-même : « Vous venez d'élire un président de la République. Donnez-lui maintenant une majorité parlementaire pour gouverner ! »

Simplicité, clarté, force de l'évidence : la communication idéale.

La même logique a joué en 2007. Chaque candidat estampillé « majorité présidentielle » ne gagne pas à tout coup, j'en sais quelque chose. Mais même si la vague est plus ou moins intense, elle est irrésistible. Le Parti socialiste en a fait la douloureuse expérience en 2002 et en 2007.

Et c'est là que réside le principal facteur de changement institutionnel : les députés sont élus sur le nom du nouveau président de la République, qui apparaît tout naturellement comme le chef de la majorité parlementaire. D'où la souffrance du Premier ministre...

Matignon : tout en suivant la préparation et le déroulement des élections législatives, Chirac pensait d'abord à son futur Premier ministre.

Comme à son habitude, en l'occurrence, il consulte beaucoup. Il donne à chacun l'impression qu'il est son conseiller le plus écouté. Mais l'alchimie de la décision se déroule secrètement dans sa tête, sans que personne sache d'où vient l'influence décisive.

Depuis plusieurs mois, nous en discutions lui et moi. Il eut la bonne grâce d'envisager mon retour à ce poste, sans que j'aie rien demandé. Mais je sentais qu'il n'y croyait pas vraiment. Le souvenir de la période 1995-1997 était trop frais. Ma popularité restait faible... ou mon impopularité forte, comme on veut. Il avait beau me dire que « cela n'avait aucune importance », je savais que nombreux étaient les conseillers qui lui distillaient le poison.

De toute manière, ma réponse était négative. J'expliquais que ce n'était pas une bonne idée. Non pas que j'aie perdu le goût de gouverner. Mais j'étais frappé d'une sorte d'empêchement : aucun homme politique mis en examen n'est présumé innocent, et il était totalement exclu que le Premier ministre aille comparaître devant un tribunal correctionnel. Fermez le ban. Si j'avais eu la faiblesse d'hésiter, Isabelle m'aurait ouvert les yeux.

Sur la liste des *papabili*, il y avait peu de noms. Sarkozy faisait le forcing. Curieusement, Villepin poussait plutôt sa candidature. Peut-être avait-il en tête un schéma du type « Mitterrand-Rocard » ? Mettons Sarko à Matignon. C'est un poste impossible. Il s'usera. L'hypothèque sera levée.

Une fois écarté le recours à « la société civile », extrêmement riche en grands talents... et par définition sans expérience du métier politique – c'est un métier –, le nom de Jean-Pierre Raffarin revint souvent dans la discussion.

L'homme était intelligent et sympathique. Il avait du métier... politique. Il avait été, à mes côtés, un excellent ministre des PME et de l'Artisanat. Il s'était engagé pleinement dans la création de l'UMP et dans la campagne présidentielle. Il présentait enfin l'avantage d'être issu d'une autre formation politique que le RPR à qui tous les postes ne devaient pas être réservés. Jean-Pierre avait eu l'habileté de ne pas faire de lobbying trop voyant. Sa discrétion, par différence, plaisait. L'idée s'imposa, malgré quelques réserves, émises ici ou là, sur l'autorité naturelle de l'impétrant. Pour ma part, je trouvais le choix judicieux.

La constitution du gouvernement donna lieu à quelques séances de remue-méninges en petit comité, autour des assiettes de charcuterie et des verres de bière que Chirac convoque immanquablement dans ce genre d'exercice. Je fus rassuré de constater que le degré d'improvisation était aussi élevé que celui que j'avais connu en 1995. Si nos concitoyens assistaient au choix des futurs ministres, promis à des responsabilités importantes, ils seraient parfois médusés. J'exagère bien sûr. Il y a des noms qui s'imposent à certains postes. Mais le nombre des candidats potentiels qui téléphonent fébrilement tous azimuts pour se rappeler au bon souvenir de ceux qui sont réputés jouer un rôle est stupéfiant. Et, de temps en temps, contre toute attente, certains passent au travers des mailles du filet.

Le plus surprenant, c'est que, au total, la sélection est, en général, plutôt bonne. Comme quoi, le hasard...

Sarkozy se retrouva en position de numéro 2, seul ministre d'Etat, en charge de l'Intérieur qu'il convoitait. Je n'y vis aucun inconvénient. J'avais en tête le souvenir de 1995 où Chirac et moi, Chirac surtout, aurions dû pratiquer plus généreusement le pardon des offenses et embarquer dans le gouvernement ceux-là mêmes qui nous avaient combattus. Sarkozy poussa l'exercice beaucoup plus loin en 2007. Jusqu'à l'ouverture à gauche. Ce qui lui réussit.

Quand Chirac et Raffarin commencèrent à se lamenter parce que Sarkozy, profitant à fond des pouvoirs concrets et des occasions médiatiques fréquentes que lui offrait son ministère, leur pourrissait la vie, je ne pus m'empêcher de faire remarquer qu'ils l'avaient mis eux-mêmes en selle, alors que rien ne les y obligeait. Il fallait mal connaître l'homme pour s'imaginer qu'il en userait avec modération. Il en tira tout le parti possible. Avec succès et jubilation, au grand dam de ceux qui lui reprochaient de trop en faire et qui annonçaient régulièrement sa chute prochaine. Je le disais souvent à Chirac : Sarko ne connaît que le rapport de forces. Tant qu'il ne sent pas de résistance, il pousse son avantage aussi loin que possible. Quand on s'oppose à ses entreprises et qu'il n'est pas sûr de l'emporter, il rompt, contourne, voire recule pour reprendre l'offensive sur un autre terrain. Imaginer qu'on le calme en lui faisant des concessions est une erreur psychologique majeure. Chirac et Raffarin le vérifièrent à leurs dépens.

Hors du gouvernement, comment allais-je préparer la suite ?

Je convins avec Chirac que je m'investirais dans la fondation du parti majoritaire, qui n'était encore qu'une coalition électorale.

Constituer une équipe, trouver des locaux, phosphorer sur un nom, gérer les ambitions, souvent très légitimes, de tous ceux qui veulent jouer un rôle, c'est un sport que j'avais pratiqué au RPR et qui me plaît. Cette fois, j'avais une marge de liberté plus grande. Chirac avait d'autres chats à fouetter…

J'eus la main heureuse en m'entourant de quelques collaborateurs jeunes et dévoués. Les uns m'étaient connus, tel Vincent Le Roux dont j'avais apprécié, à Bordeaux, dans ses fonctions de directeur de cabinet, le dévouement et la puissance de travail. Je pariai sur quelques nouveaux, au premier rang desquels Edouard Philippe qui se révéla un collaborateur de qualité exceptionnelle. Eric Woerth accepta de devenir le trésorier du nouveau parti, ce qui était pour moi gage d'honnêteté, de compétence et de loyauté. Et puis, nous réalisâmes sans trop de difficultés l'amalgame entre les anciennes équipes du RPR, de l'UDF, de Démocratie libérale, du Parti radical, etc.

La direction politique fut assurée, comme le prévoyaient nos statuts, par un triumvirat : président, vice-président, secrétaire général. Avec la bénédiction de l'Elysée, de Matignon, et de quelques autres forteresses, mon arrivée à la présidence parut toute naturelle. D'autant qu'elle était temporaire, en attendant l'organisation des élections internes. Jean-Claude Gaudin et Philippe Douste-Blazy, qui militaient depuis les origines pour l'union, occupèrent les deux autres fonctions où ils incarnaient respectivement la sensibilité libérale et centriste.

Notre trio fonctionna harmonieusement. Gaudin consacrait beaucoup de temps à Marseille et au Sénat ; fort de son excellente connaissance de la carte électorale, il présidait avec autorité la commission des investitures du mouvement. Douste voulait m'aider et le faisait sans créer de conflit.

Nous installâmes notre siège rue La Boétie, dans des bureaux fonctionnels et sans âme, un peu éloignés, aux dires des députés, de l'Assemblée nationale. Mais de nouvelles habitudes se créèrent peu à peu, et l'UMP, au fil des ans et des présidences, a conservé le même siège.

L'affaire du nom et du sigle fut beaucoup plus chaude.

Je lançai une consultation auprès de plusieurs boîtes de communication axées sur la création de marques. Un jury, que je présidais, tria les propositions, et en retint deux : l'« Union pour un mouvement populaire » (UMP) sur un fond bleu et rouge occupé en son centre par un magnifique chêne, symbole de force et d'ancrage dans la réalité française ; et... la « Maison bleue » ! Inutile de dire que cette seconde proposition décoiffa. Mais l'éloquence de son inventeur fut telle qu'elle ébranla le jury. Jeunesse, nouveauté, modernité, prise à contre-pied, etc., sans oublier la déclinaison facile dans chacune de nos villes et villages : la « Maison bleue » pourrait y devenir un lieu de rassemblement attractif où l'on viendrait adhérer en masse.

Par jeu, je me déclarai séduit. Isabelle m'encouragea, elle qui a toujours trouvé la communication des partis politiques compassée et poussiéreuse. J'étais parfaitement conscient que j'avais très peu de chances de faire accepter cette... innovation. Mais il ne me déplaisait pas de susciter la controverse. Douste était du même avis. Je décidai donc de confier le choix définitif aux militants. Le débat fit rage entre les « Anciens » et les « Modernes ». Le résultat fut sans surprise. *Exit* la « Maison bleue ». Il m'arrive de le regretter. Il est vrai que se présenter aux élections avec l'étiquette « Maison bleue » aurait pu gêner nos candidats... Et puis, j'aime le sigle UMP qui allie les mots d'union, de mouvement, et l'adjectif populaire. C'est à lui seul tout un programme. Nos jeunes se baptisèrent « Jeunes populaires », nom que je continue à trouver formidablement sympathique.

Plus sérieusement, je préparai le grand congrès fondateur qui devait marquer le lancement officiel du parti.

Au préalable, il fallait dissoudre les anciens partis qui fusionnaient dans la nouvelle Union. La dernière grand-messe du RPR, qui eut lieu à Villepinte le 21 septembre 2002 sous la présidence de Michèle Alliot-Marie, fut assez sinistre. Les gaullistes nous suivaient, Chirac et moi, mais sans joie.

Pour le baptême de la nouvelle formation, je choisis Le Bourget qui offrait de grandes capacités d'accueil. Je voulais beaucoup de monde, 10 000 à 20 000 personnes, une mise en scène festive, de prestigieux invités étrangers. La machine fut lourde à monter. Mais l'opération fut pleinement réussie. François Baroin et Renaud Donnedieu de Vabres jouèrent magnifiquement les Monsieur Loyal. La succession des discours fut à peu près supportable, et pimentée par l'intervention du Portugais José Manuel Barroso qui nous incita à faire preuve de la plus grande audace libérale, puis celle d'Angela Merkel qui n'était alors que le leader de la CDU et avec laquelle j'avais noué des liens d'amitié qui perdurent.

J'avais beaucoup travaillé mon discours. J'y parlais d'une nouvelle manière de faire de la politique et de faire vivre un grand parti moderne. Je traçais les contours d'une belle feuille de route à long terme. Je proposais de répondre à la fracture (thème cher à Chirac) par la réconciliation. Plus précisément, par quatre grandes réconciliations : celle du pouvoir et des citoyens; celle de l'esprit d'entreprise et de l'esprit de partage; celle de l'idée nationale et de l'idée européenne, des Français et de l'Europe; celle de l'homme et de la nature, du développement et de l'avenir de notre Terre. Où l'on voit que ma conversion au développement durable ne date pas de mon séjour au Canada... Sans doute le propos était-il un peu sophistiqué pour un discours de grand meeting populaire. Ce que ne manqua pas de relever Robert Poujade, critique bienveillant et subtil. Mais c'était mon choix et j'y tenais.

Les résultats des élections internes furent proclamés par Antoine Rufenacht quelques instants avant que je monte à la tribune. A la présidence, j'obtenais 79,42 % des suffrages exprimés ; mon principal concurrent, Nicolas Dupont-Aignan, qui s'était, tout au long de sa campagne, systématiquement démarqué de moi, principalement sur l'Europe (on le retrouva dans le camp du non en 2005, et en 2008 il quitta l'UMP pour fonder son propre parti), frisa les 15 %. La participation n'était que de 28,79 %. Ce chiffre avait, en vérité, peu de sens car nos fichiers, constitués par addition de ceux du RPR, de DL, de l'UDF, du Parti radical, etc., étaient très approximatifs. Néanmoins, cela permit à mes détracteurs, et il y en avait de tout poil, de minimiser ma victoire.

Parler devant plus de 25 000 personnes est à la fois une épreuve et une jouissance.

Chez moi, la jouissance l'emporte rapidement sur le trac. Oui, j'aime sentir la foule, la tenir attentive, provoquer son rire ou ses applaudissements. C'est physique ! Il y a chez tout homme politique un comédien, un bateleur qui sommeille. Et il ne faut pas prendre ce besoin d'échange en dérision. Quiconque ne ressent pas du plaisir à évoluer en public, à créer le contact avec son auditoire, à convaincre est plus fait pour l'intrigue ou le travail d'officine que pour la politique. C'est sur l'agora que naît la démocratie.

Je l'ai déjà dit, je suis meilleur quand j'improvise. Ou plus exactement quand je ne lis pas mes discours. Ce qui n'est pas la même chose. Je ne crois pas à l'improvisation totale. Un bon discours, même quand il n'est pas lu, ça se prépare, ça se travaille, ça s'apprend, ça se répète. Il faut du temps. D'autant plus de temps que le discours est bref. Je n'aime pas les discours-fleuves. Je perds le fil. L'auditoire décroche. Une demi-heure est un grand maximum. Vingt minutes, c'est la bonne mesure.

Mais devant 25 000 personnes, il faut un texte. Le moindre trou de mémoire peut être fatal. Ce jour-là, je lus donc mon texte. J'y mis tout mon cœur. La salle était attentive mais pas déchaînée. Ce qui fit dire que j'avais mis à côté de la plaque. Je pense que c'était injuste. Certes, je n'ai pas l'éloquence flamboyante des tribuns méridionaux. Ni la façon qu'a Sarkozy, tout en lisant, de s'emparer, presque physiquement, de l'auditeur. Mais je mesure mon talent à l'aune de mon plaisir. Quand je me sens bien, quand j'aime ma salle, quand je sens que la salle m'aime, je sais que j'ai été bon. Au Bourget, mon indice de plaisir ne dépassa pas 8 sur mon échelle de 10...

J'avais donc atteint mon but : le grand parti de la droite et du centre qui me paraissait nécessaire à la modernisation de la vie politique française existait. Il était nombreux, puissant, bien organisé. J'en avais le contrôle, ou du moins voulais-je m'en persuader. Je sentais bien, au fond de moi-même, que les embûches ou les trahisons ne manqueraient pas. Du dedans et du dehors.

Le camarade Bayrou ouvrit le feu. Anne-Marie Idrac qui avait été, dans mon gouvernement, secrétaire d'Etat chargée des Transports et notamment de la SNCF, renonça à l'automne au siège de député des Yvelines qu'elle avait conquis lors des élections générales du printemps, sous les couleurs de l'UDF canal historique. Elle préféra accepter le poste de présidente de la RATP où, d'ailleurs, elle a bien réussi. Election partielle donc, dans une circonscription que l'UMP eut tout de suite l'envie de reprendre à Bayrou. Notre investiture alla au maire du Chesnay, fidèle militant de l'ex-RPR dont tous les caciques du département m'assuraient qu'il ferait un malheur électoral. Bayrou sentit le vent et se mit à la recherche d'un poids lourd. Il le trouva en la personne de Christian Blanc. Fidèle soldat, j'allai soutenir notre candidat sur le terrain et m'offusquai, sans doute maladroitement, de l'agression dont il était l'objet. Bayrou qui, pourtant, n'était pas encore dans l'opposition dénonça l'impérialisme de l'UMP... et gagna. Première claque. L'Union est un combat permanent.

Novembre 2002-octobre 2004... Quelques moments forts me reviennent à l'esprit : un voyage en Afrique où je reçus un accueil enthousiaste (j'aime les Africains qui me le rendent bien ; je dis souvent, en forme de boutade, que je devrais recommencer ma vie politique en Afrique où ma popularité est sensiblement plus élevée qu'en France...) ; deux grands conseils nationaux d'un nouveau genre à l'UMP, consacrés à des débats internes de fond, l'un sur la laïcité, l'autre sur la Turquie. C'est au terme de ce deuxième débat que le mouvement se prononça par un vote démocratique contre le principe de l'adhésion de la Turquie à l'Union européenne. Les militants me confient souvent qu'ils avaient grandement apprécié cette façon de réfléchir entre nous et de fixer ensemble notre ligne politique. Je regrette parfois de n'avoir pas poussé les feux pour imposer la création et la reconnaissance officielle de « courants » de pensée au sein de l'UMP. C'était mon idée de départ; c'était prévu dans nos statuts; mais le gouvernement freina des quatre fers, de peur de voir s'installer le désordre au sein de la formation majoritaire. Un peu de désordre vaut mieux, pourtant, que l'absence de débat.

Pour le reste, Bordeaux-Paris, Paris-Bordeaux, je menais la vie d'un parlementaire de province.

Animer l'UMP est bien sûr une lourde tâche.

Sur le terrain, dans les fédérations départementales qu'il faut visiter régulièrement pour soutenir le moral des troupes et veiller à l'harmonie entre les « composantes »; où il faut aussi expliquer la politique du gouvernement et « vendre » ses réformes. Je m'entourai d'une équipe d' « orateurs nationaux » pour relayer mon message. J'eus la main heureuse en confiant le dossier de la réforme des retraites à Xavier Bertrand, encore inconnu du grand public mais qui fit merveille.

Dans les instances nationales, le grief d'autoritarisme surgit promptement, ce qui oblige à de fréquentes et longues réunions de concertation.

Au Parlement, chaque semaine se joue un psychodrame dans les groupes de députés et de sénateurs : la « base », pourtant choyée par le gouvernement, reproche immanquablement au « sommet » d'avoir perdu le contact avec l'opinion et, en tout cas, de pécher par une communication désastreuse.

Ah, providentielle communication! Ce ne sont jamais les décisions ou les réformes qui sont mauvaises, mais la communication! Alibi en béton dont usent et abusent tous les gouvernants.

Il y eut, bien sûr, le séisme des élections régionales qui nous priva de la quasi-totalité des présidences de région, à l'exception de la seule Alsace. Le gouvernement en supporta l'opprobre, autant que le parti, ce qui allégea, pour moi, le fardeau.

J'avais essayé de sauver les meubles en Aquitaine en soutenant avec allant la candidature de Darcos. Bayrou avait refusé la tête de liste que je lui avais proposée et nous ne pûmes éviter une confrontation destructrice. Le candidat socialiste, que je devais retrouver sur mon chemin, à la mairie en 2008, tira les marrons du feu.

J'avais déjà l'esprit ailleurs. Je sentais que mon autorité, sans être ouvertement contestée, était comme en sursis. C'est que l'échéance de mon procès se rapprochait, et toute la classe politique le savait. On ne tire pas sur une ambulance... Certes, les plus prudents ne voulaient pas injurier l'avenir. On ne sait jamais... En politique, il n'y a de mort définitive que la mort physique. L'hypothèse de mon rebond, les uns le souhaitant, les autres le redoutant, me donnait un peu d'air.

Francis Szpiner m'avait apporté une bonne nouvelle : le nouveau juge d'instruction, M. Philibeaux, m'avait mis hors de cause dans toute la partie de l'instruction qui concernait les relations du RPR et des entreprises. Je ne serais renvoyé devant le tribunal correctionnel « que » pour les emplois dits fictifs.

J'entrai plus à fond dans le dossier. Francis Szpiner et Georges Tonnet organisèrent des séances de questions/réponses souvent brutales, pour me convaincre que tout se passerait sans aucun ménagement.

Le jour de l'audience vint. Isabelle voulait absolument m'accompagner. Je l'en dissuadai car je ne voulais à aucun prix qu'elle fût livrée en pâture aux paparazzi. Ni pour elle. Ni pour les enfants.

Au sortir du cabinet de Francis Szpiner qui, pendant quatre semaines, devait constituer notre point de ralliement, nous nous entassâmes dans ma voiture. Incertain des conditions de circulation, j'avais pris de la marge, et nous étions donc en avance quand nous quittâmes le boulevard circulaire de la Défense. Le conducteur réussit à s'arrêter sur le bas-côté. Nous patientâmes un bon quart d'heure. Ce n'était pas forcément une bonne idée. Mon angoisse n'était plus distraite par l'observation du trafic. J'avais chaud. Ma gorge était sèche. Il fallut repartir. L'arrivée au palais de justice de Nanterre se déroula comme prévu : une horde de photographes et de journalistes m'entoura. J'étais aveuglé par les flashes, jusqu'au malaise. J'essayais de réciter les quelques phrases anodines que nous avions préparées, pour donner des images moins chaotiques aux télévisions. Par contraste, une fois entré dans la salle d'audience, j'éprouvai presque une impression de calme.

La salle est sinistre, laide et pauvre. Sur les conseils de mes avocats, je m'assis au second rang, dans le « box » – c'est comme cela qu'on dit ? – réservé aux accusés. Je découvrais autour de moi tout un monde étrange : policiers, huissiers, avocats, caricaturistes, journalistes judiciaires... Et, bien sûr, le groupe nombreux des prévenus parmi lesquels je reconnaissais plusieurs visages. J'avais le vertige. Je me murai dans mon silence.

Entrée du tribunal. Deux femmes dont la présidente, un homme.

Debout. Assis. Debout. J'allais devoir m'habituer à cette gymnastique humiliante, qui n'a rien à voir avec celle de la messe.

Je n'ai pas envie de revivre jour par jour les dures semaines de ce mois d'octobre 2003. Juste quelques coups de poignard : « Nom, prénom, date de naissance, adresse, profession, revenus, etc. »

Je m'exécute docilement. Ai-je le choix? Mais, au fond de moi, ça bouillonne!

Les interrogatoires des autres, de ceux qui restent merveilleusement dignes comme Patrick Stéfanini, ou de ceux qui s'effondrent lamentablement en pleurant pour amadouer les juges, et dont j'ai oublié le nom. Leur petite comédie fut souvent payante : ils eurent droit à l'indulgence!

Le sourire narquois que m'adresse un assesseur venu en renfort et qui semble me dire : « Cause toujours, on te tient! »

Les questions de la présidente, assez imprécises et finalement peu intrusives. J'ai, au fil des heures, de plus en plus l'impression que l'exercice ne sert à rien et que les magistrats ont leur conviction faite.

Sur le conseil de mes avocats et avec l'accord du tribunal, je n'ai pas assisté aux deux premières semaines de débats qui portaient sur des faits pour lesquels je n'étais pas « renvoyé ». Les échos m'en parvinrent évidemment. J'en retirai le sentiment d'un grand déballage et d'un immense gâchis. Entreprises et trésoriers réglaient leurs comptes. L'un des moments les plus forts fut la déposition d'Yves Cabana qui, pendant toute la période incriminée ou presque, avait été mon directeur de cabinet rue de Lille. Il fit mouche en affirmant : « Tout le monde savait! »

Quand mon tour vint, le terrain était miné. La présidente s'empressa de me demander : « Et vous, saviez-vous ? »

Comment ne pas savoir que tous les partis politiques, faute de recettes légales, à l'exception des cotisations de leurs adhérents, bien insuffisantes pour faire bouillir la marmite, se débrouillaient et vivaient d'expédients ?

Je m'échinai à montrer que j'avais hérité d'un système que tout le monde connaissait en effet et dont tout le monde profitait. Mais je n'avais en aucun cas participé à son montage, et, au fur et à mesure que le cadre légal s'était mis en place, de 1988 à 1995, j'avais donné instruction à mes collaborateurs de mettre notre organisation en conformité avec les nouveaux textes. La faute que je m'imputais ? N'avoir pas été assez vigilant, n'avoir pas vérifié dans le détail que cette instruction générale était suivie d'effet. J'étais devenu ministre des Affaires étrangères en avril 1993 et, comme je l'ai déjà dit, j'avais délégué la responsabilité de tenir la maison à mon secrétaire général adjoint, Jean-Louis Debré. Je demandai à ce dernier d'écrire au tribunal pour expliquer qui faisait quoi durant cette période cruciale d'avril 1993 à janvier 1995. Il refusa.

Mes arguments laissèrent le tribunal de marbre. J'étais le chef. J'étais responsable.

J'ai accepté, dans ma tête et dans mon cœur, cette équation qui mettait un terme au débat. Je n'ai jamais cherché à aucun moment à me défausser sur quiconque, ni vers le haut, ni vers le bas. Je n'en éprouve aucun regret ni aucune frustration.

Je me suis interrogé sur le sens qu'il fallait donner à l'affirmation péremptoire d'Yves Cabana :

« Tout le monde savait ! » Etait-elle destinée à me plomber ? Dans le feu du procès, j'ai failli le croire. Puis mon indulgence foncière m'a conduit à la mettre sur le compte de l'arrogance naturelle du personnage qui trouvait là le moyen de jouer les vedettes. J'ai même fini par imaginer qu'elle était faite pour m'aider, en partageant généreusement la responsabilité. Peu importe.

Ai-je servi de bouc émissaire ? La formule figure en toutes lettres dans le texte du jugement de la cour d'appel. Cela m'a mis du baume au cœur. J'ai cru l'entendre aussi dans la bouche du juge Philibeaux lorsque, plus tard, il m'a convoqué comme témoin (je ne sais pas si c'est le terme exact) dans l'instruction de l'affaire des « emplois fictifs » qui concerne Jacques Chirac. En fin d'audition, il me sembla qu'il murmurait : « Allez-vous continuer à jouer le rôle du bouc émissaire ? »

Avec le recul, je trouve l'addition un peu salée, injuste pour tout dire.

Je regarde avec amusement les contorsions de tous les acteurs de l'affaire de l'UIMM, la fédération métallurgique et minière du Medef. Patrons, juges, politiques, médias... tout le monde s'agite pour trouver une porte de sortie honorable aux gestionnaires des syndicats qui, pourtant, ont été confrontés au même défi : faire vivre leurs organisations en trouvant des ressources autres que les cotisations de leurs adhérents. Je pense qu'on adoptera une solution... convenable. Tant mieux pour eux.

Le procès s'acheva à Nanterre dans une atmosphère délétère. La présidente nous informa que le jugement dont elle allait nous donner lecture n'était pas matériellement disponible. Le tribunal n'avait en effet pas confiance dans la « discrétion » de l'informatique judiciaire et n'avait voulu prendre aucun risque de fuite ou de pression.

Quelles pressions ?

S'agissait-il de la déclaration amicale de Jean-Pierre Raffarin s'étonnant *ex post*, une fois le jugement rendu, de la sévérité de ses termes ? Ou de quoi d'autre ? Le Parti socialiste ne manqua pas de voler à la rescousse et de dénoncer des pressions inacceptables.

Quelles pressions ?

S'agissait-il du timide encouragement public que me donna, toujours *ex post*, le président Chirac ? Sa fonction ne lui permettait pas d'en faire plus. Ce qui comptait pour moi, c'était son soutien privé, affectueux et moral, qui avait été de tous les instants.

Il fallait en avoir le cœur net !

Plusieurs enquêtes furent lancées, l'une à l'initiative du garde des Sceaux, l'autre par un juge d'instruction. Toutes aboutirent plus ou moins rapidement à la même conclusion : il n'y avait eu aucune pression d'aucune sorte ; cette allégation était pure affabulation. Faut-il rappeler qui l'avait mise en circulation : pas mes amis politiques ni le pouvoir, mais le tribunal lui-même. C'est assez dire dans quelle ambiance de paranoïa politique le procès s'était déroulé. Mais n'est-il pas normal que les hommes politiques aient droit à des procès politiques ?

Je garde précieusement dans mes papiers la lettre d'un conseiller de cour d'appel à la retraite qui me faisait part de son indignation de magistrat à la lecture des attendus du verdict.

Ce ne fut pas la curée.

Hormis quelques lettres ordurières, le plus souvent anonymes, et des courriels, plus nombreux, me traitant d'escroc, de pourri, de voleur, je ne fus pas voué aux gémonies.

Je n'ai pas pu répondre aux innombrables messages de soutien que j'ai reçus. Beaucoup me tirèrent des larmes. Les uns émanaient de gens importants dont l'opinion comptait pour moi. Les autres venaient d'inconnus, qui me touchaient plus encore. Tout cela m'encourageait, chaque matin, à me regarder dans ma glace sans broncher.

Parmi mes adversaires politiques, ce fut la retenue. A Bordeaux, aucune attaque. Noël Mamère, peut-être, mais j'ai oublié. Au contraire, Henri Emmanuelli, qui comprenait mieux que d'autres ce que je pouvais ressentir, se manifesta à sa manière : rude mais amicale. Seule exception : le Fouquier-Tinville de Saône-et-Loire, Arnaud Montebourg, qui fit merveille dans le registre de la méchanceté donneuse de leçon.

Dans la presse, pas de surprise : indulgence à droite, sévérité moralisatrice à gauche. Je garde un chien de ma chienne à Denis Jeambar qui hurla avec les loups (dont la meute, au demeurant, était clairsemée) en me sommant de sortir sur-le-champ de la vie politique.

L'appel étant suspensif, je continuai à fréquenter l'Assemblée nationale et le siège de l'UMP. J'avais ma raison : je ne voulais pas mettre du jour au lendemain la clef sous la porte de l'UMP, tant je savais que les convoitises grandissaient pour occuper mon fauteuil présidentiel. Comme je l'avais dit à Patrick Poivre d'Arvor à TF1, je voulais organiser tranquillement la succession. C'est ce que j'annonçai au congrès du parti qui se tint le 8 février

2004 à la porte de Versailles. Je vis couler quelques larmes de crocodile. Mais j'entendis aussi des paroles courageuses et sincères qui résonnent encore dans ma tête. Par exemple, celles de Marie Guévenoux, responsable des Jeunes populaires, le mouvement des jeunes de l'UMP. Elle n'avait aucun intérêt à s'afficher comme « juppéiste » au moment où je sortais de scène. Et pourtant, elle osa : « Nous avons entendu votre décision et je peux vous dire qu'il n'y a pas dans cette salle un seul militant, quel que soit son titre, quel que soit son âge, quelle que soit sa fonction qui ne puisse vous admirer et être fier de vous. »

Elle le pensait. Et beaucoup avec elle, dans tous les rangs, sinon sur la tribune.

Très vite, je compris que les jeux étaient faits : personne, pas même Chirac, ne pouvait ni ne voulait se mettre en travers des ambitions de Nicolas Sarkozy.

En juillet, je passai donc le relais au tandem Gaudin-Douste-Blazy à qui incombait statutairement l'intérim, renforcé par François Baroin en qui Chirac avait confiance.

Quand, au cœur de juillet, je quittai l'immeuble de la rue La Boétie, je savais au moins que la page de la « chefferie », comme on dit au Québec, d'un grand parti était pour moi définitivement tournée.

Pourquoi avoir consacré tant de temps et d'énergie à la conduite de grandes formations politiques, le RPR de 1988 à 1997, puis l'UMP ? Les partis sont tellement décriés ! La tâche est si ingrate !

Enjeu de pouvoir sans doute : qui tient le parti gagne l'investiture suprême.

Enjeu humain aussi. J'ai souvent écrit combien je respectais et aimais nos militants. C'est, j'en ai conscience, quelque peu provocateur. Les gens comme il faut, les « croquantes et les croquants » comme dit Brassens, ont tendance à considérer les militants comme une piétaille un peu bornée dont on a besoin pour coller des affiches et passer des consignes. On ne colle plus beaucoup d'affiches. Et les consignes, quand elles ne sont pas discutées, comprises et partagées, restent souvent lettre morte.

Le militantisme, tel que je l'ai vécu, c'est d'abord une communion. D'idées, de convictions, de projets, de fidélités. C'est pourquoi il m'a donné tant de joies. Encore aujourd'hui, quand je retrouve dans tous les coins de France, pas seulement dans le XVIIIe arrondissement de Paris ou à Bordeaux où j'ai mené tant de campagnes électorales personnelles, mais un peu partout dans nos provinces, quelqu'un ou quelqu'une qui m'interroge : « Vous vous souvenez de moi ? C'était en 1988 à Charleville-Mézières. C'était en 1993 à Mons-en-Barœul. C'était en 1997 à Lodève… » (dates et lieux cités au hasard), toute une histoire se remet en marche dans mes neurones et dans mes veines.

Ce furent de belles années !

# 4

# Jours heureux au Québec

Encore la cour d'un palais officiel. Cette fois le palais Rohan, ancienne demeure des archevêques de Bordeaux, aujourd'hui hôtel de ville de la capitale d'Aquitaine. *Ma* ville.

Nous sommes en décembre 2004. La cour d'appel de Versailles vient de rendre sa décision : je suis inéligible pour un an. Il faut partir.

J'ai voulu dire « au revoir » à mes amis. Ce n'est pas la grande foule. Mais les plus fidèles sont là, dans la cour pavée que je trouve aujourd'hui froide, grise, dépourvue de cette « blondeur » chaude que j'aime d'ordinaire vanter.

Si j'oublie un instant les chagrins familiaux qui sont d'un autre ordre, d'une autre cruauté, je crois n'avoir jamais éprouvé de ma vie pareille douleur. C'est comme si l'on m'arrachait un membre. J'ai du mal à trouver les phrases qu'il faut. J'ai envie de chialer. C'est presque pire devant les journalistes à qui je vais m'adresser dans les salons de la mairie. Je lance un mot pour me donner courage : « Adizhats ! » A vrai dire, je ne me souviens plus très bien si c'est précisément ce jour-là que mon peu de vocabulaire gascon m'est revenu au cœur et aux lèvres. Mais j'ai prononcé ce mot à un moment ou à un autre. Il a fait mouche, y compris dans les journaux locaux. Il est vrai qu'en la circonstance, il est précieux. Car il est ambigu : adieu ou au revoir ? Les spécialistes ergotent.

Dans ma tête, je ne sais qui croire : la petite voix qui me dit : « C'est fini ; la page se tourne » ? Ou celle qui la contredit : « Tu reviendras ! Tu ne peux pas ne pas revenir ! »

En tout cas, j'ai brûlé mes vaisseaux.

Dès la rentrée scolaire 2004, la famille a regagné Paris. Charline s'en accommode volontiers. Clara s'en désole. La seule ville vivable, à ses yeux, c'est Bordeaux. Il va falloir la dorloter. Mais Isabelle est là, toujours inébranlable de confiance et d'optimisme.

J'ai sottement vendu notre maison de Bordeaux. Nous l'aimions tant ! Mais, sur un coup de tête, j'ai voulu aller jusqu'au bout de la rupture. Et puis, le procès, la réinstallation à Paris, la perspective du départ au Québec... il nous fallait de l'argent. Je m'en mordrai les doigts, deux ans plus tard, quand nous reviendrons à Bordeaux. Résultat : aujourd'hui, notre nouvelle et charmante maisonnette réduit notre espace vital de moitié. Nous faisons contre mauvaise fortune bon cœur. Isabelle ne manque pas de positiver : « C'est beaucoup moins bien que la plupart de nos copains, mais c'est beaucoup mieux que la majorité des gens. » Que répondre ?

Octobre 2004. Versailles n'est pas Nanterre.

Pour venir de Paris, le parcours est plus accueillant. Quand nous arrivons en avance, nous trouvons, mes avocats et moi, des bistrots hospitaliers pour prendre un petit « noir » sur le zinc. Parfois, des clients viennent me dire un mot gentil. Ils ne savent sans doute pas que la cour d'appel sera ma prochaine étape. La presse se fait plus discrète. Il n'y a pratiquement plus de paparazzi. Mon procès en appel intéresse moins. Le mal est fait...

Ai-je vécu ce mois d'octobre 2004 moins douloureusement que celui de l'année précédente ? Je n'en suis pas sûr.

Certes, la cour, qui a toute la majesté requise, offre un cadre moins stressant. L'audience est plus policée. Je sens moins de hargne dans le regard de la présidente. L'assistance est moins nombreuse, et d'abord celle des prévenus. Toute la cohorte des chefs d'entreprise a disparu.

Mais, au fond de moi-même, j'éprouve toujours la même révolte.

Visiblement, ce que la cour attend de moi, c'est un acte de contrition : « Oui, j'ai péché ! »

Je n'y arrive pas. Bien sûr, je confesse que j'ai manqué de vigilance, que j'aurais dû m'assurer moi-même de la régularisation de tous les cas litigieux, bref que j'ai laissé faire. Mais reconnaître que je suis l'organisateur du système, je sais que ce n'est pas vrai et je ne le dirai donc pas.

Les jours me pèsent. Deux semaines seulement ? Oui, mais interminables. J'ai la tête ailleurs. Je sais que maman, dans sa retraite de Saint-Pierre-d'Irube, est en train d'agoniser.

La tension reste forte. Au moment de sa plaidoirie, Georges Tonnet tombe dans les pommes. J'accours dans la salle d'attente où il reprend ses esprits; je croise le premier président de la cour d'appel qui est venu prendre des nouvelles et qui ne me gratifie même pas d'un regard.

Plaidoiries. J'oublie le réquisitoire de l'avocat général, odieux. Mais c'est la loi du genre, je pense.

L'avocat de la Ville de Paris, qui s'est portée partie civile, fait son travail de bon militant socialiste. Le bâtonnier Farthouat qui est venu renforcer ma défense fait une démonstration juridiquement rigoureuse. Georges Tonnet repart vaillamment et talentueusement au combat. Francis Szpiner met tout son savoir mais surtout son cœur à plaider ma cause. Il est ému. Il parle de l'homme Juppé. Il a des mots qui me touchent.

En les écoutant, je me demande à quoi peuvent bien servir tous ces flots d'éloquence. Les magistrats sont-ils vraiment attentifs ou subissent-ils avec stoïcisme cet exercice obligé ? En scrutant leurs visages, j'ai des doutes.

A tort probablement. Certains arguments ont dû porter, puisque le 1er décembre (l'attente aura été moins longue qu'à Nanterre), la décision de la cour me rend en partie mon honneur. Certes, j'écope d'un an d'inéligibilité. Et, ce qui, curieusement, me traumatise davantage – tant le mot de prison résonne de manière effrayante dans ma tête – de quatorze mois de prison avec sursis. Mais les attendus du jugement effacent les mots inacceptables du tribunal de Nanterre, je cite :

« Il est regrettable qu'au moment où le législateur prenait conscience de la nécessité de mettre fin à des pratiques délictueuses qui existaient à l'occasion du financement des partis politiques, M. Juppé n'ait pas appliqué à son propre parti les règles qu'il avait votées au Parlement. Il est également regrettable que M. Juppé, dont les qualités intellectuelles sont unanimement reconnues, n'ait pas cru devoir assumer devant la justice l'ensemble de ses responsabilités pénales et ait maintenu la négation de faits avérés. Toutefois M. Juppé s'est consacré pendant de nombreuses années au service de l'Etat, n'a tiré aucun enrichissement personnel de ces infractions commises au bénéfice de l'ensemble des membres de son parti, dont il ne doit pas être le bouc émissaire. »

Je laisse à mon lecteur le soin de faire l'exégèse de ces lignes.

Pour ma part, j'accepte la leçon. Une fois encore, je paie la note de mon comportement peu malléable, disons le mot : de mon orgueil. Si j'avais « assumé l'ensemble de mes responsabilités pénales », si en d'autres termes j'avais reconnu tous mes torts, peut-être l'indulgence de la cour eût-elle été plus généreuse. Mais il y a des mots qui m'apaisent : « aucun enrichissement personnel », « infractions commises au bénéfice de l'ensemble des membres de son parti », « dont il ne doit pas être le bouc émissaire ».

Robert Galley, eu égard à sa qualité de compagnon de la Libération, qu'il a éloquemment mise en avant, est frappé d'une peine amnistiable. J'en suis heureux pour lui.

J'aurai accumulé dans ma vie bien des expériences. La plupart heureuses ! J'ai eu beaucoup de chance. J'en rends grâce à ceux qui me l'ont généreusement dispensée, qu'ils soient de ce monde ou de l'autre.

J'ai connu quelques épreuves, aussi. Aucune ne me laisse de véritable amertume. Une seule a failli me briser. Celle-ci. Parce qu'elle mettait en cause ce qui, dans l'idée que je me fais de moi-même, m'est le plus cher : l'estime de soi, qu'on appelait naguère l'honneur. Je ne souhaite à aucun de mes ennemis (mais qui mérite vraiment ce nom ?) de tomber dans les mains de la justice.

Machine inhumaine, ai-je dit. Je maintiens. Inhumaine surtout dans sa relation au temps. Dans aucune autre institution humaine on ne dispose du temps d'autrui avec autant de désinvolture. On me répondra que c'est une garantie de sérieux, de sérénité. J'aimerais en être sûr. Quoi qu'il en soit, j'ai toujours du mal à accepter sereinement que six années de ma vie aient été pourries par la lenteur de procédures dont je n'ai pas toujours compris les tenants et les aboutissants. Même quand elles étaient déclenchées par mes propres avocats.

« Souvent l'injustice n'est pas dans le jugement, elle est dans les délais » : c'est une des formules lapidaires de Montesquieu qui me parle le plus.

Quel bien ai-je tiré de l'épreuve ? Je me pose la question car Isabelle m'a convaincu que d'un mal, on peut toujours... Un supplément d'humilité ? Oui, par force. Dans ma vie quotidienne, qui s'est éloignée des rêves d'abondance qu'on forme dans les commencements. Dans ma relation au pouvoir, que je considère avec plus de distance, avec moins d'appétit.

Mais sur moi-même ?

Je n'aime pas beaucoup l'introspection. Peut-être en ai-je peur ? Que trouverai-je derrière les apparences ? Mes forces ? Mais n'ai-je pas déjà trop tendance à en jouer ? Mes faiblesses ? Pour y succomber ou pour les surmonter ? Qui me donnera le mode d'emploi ?

Je vois bien ce qui ne va pas, dans ma relation avec moi-même et avec les autres : un mélange compliqué de doutes et de volonté de puissance. Je plaide souvent la timidité pour expliquer mes froideurs supposées ou mes impatiences réelles. Mon manque d'attention à autrui. Parce que j'ai cette obsession d'avancer, qui peut faire merveille dans l'exercice des responsabilités publiques, mais qui m'empêche de prendre mon temps avec les autres. Combien de fois Isabelle ne m'adjure-t-elle pas : « Prends ton temps, donne du temps ! » Ce qui l'insupporte par-dessus tout, c'est ma manie de répondre aux questions de mes interlocuteurs avant qu'ils n'aient fini de les formuler. Les audiences à Nanterre et à Versailles auraient dû corriger ce défaut. Un peu, sans doute.

Paradoxe : c'est au moment de ma vie où la denrée va commencer à se raréfier vraiment que je dois apprendre à perdre mon temps. Beau défi.

Me voici donc à Paris, début 2005, libre comme l'air : je ne suis plus ni député de la Gironde, ni maire de Bordeaux, ni président de l'UMP. En quelques mois, j'ai dépouillé, par force et non par choix, tous les oripeaux du pouvoir.

Que faire de ma vie ? J'ai cinquante-neuf ans. Je me sens en pleine forme. Je peux vivoter, en jouissant tranquillement de mes retraites. La perspective d'une vie médiocre me donne le vertige. Pour moi-même, et pour les miens. Je sais que je serais invivable. Toutes les charges publiques m'étant interdites, je devrais regarder vers le privé. Les propositions ne viennent pas d'elles-mêmes. Deux ou trois amis dont je ne soupçonnais pas toujours l'attachement sincère essayèrent de me conseiller. Alain Minc me poussa à regarder du côté des grands cabinets d'avocats qui recherchent parfois les bons carnets d'adresses. Antoine Veil m'expliqua comment il avait monté sa petite société de conseil et tout le bonheur que ses activités lui procuraient.

Je ne me suis pas vraiment mis en chasse. Une fois encore, mélange de timidité et d'orgueil ! Mais qui ne chasse pas ne trouve pas.

L'idée commençait à germer, dans ma tête et dans celle d'Isabelle, d'un départ vers l'étranger. D'une certaine façon, mon pays m'exilait, du moins de sa sphère publique. Exil ? Je refusais le mot et l'idée. Je me voulais et je me sentais libre. Il reste que nous avions besoin d'air pur. Nous nous disions que c'était une chance à saisir pour notre couple et pour nos enfants. Toujours l'art d'Isabelle de positiver...

New York ? Les Etats-Unis ?

J'ai gardé de mon premier grand tour dans ce pays, il y a près de quarante ans maintenant, une vraie fascination : Washington, Pittsburgh, Atlanta, Denver, Phoenix, San Francisco, Portland, Seattle, Minneapolis, New York... En quelques semaines, j'avais eu la chance extraordinaire de m'immerger dans la vie quotidienne de l'Amérique. Plus tard, mes visites, fréquentes, de ministre des Affaires étrangères à Washington et à New York avaient entretenu ma flamme. Un beau voyage en famille dans l'Ouest californien avait converti nos enfants. Comme je l'ai dit, l'accueil de Columbia University où j'avais eu l'occasion de donner plusieurs conférences fut très ouvert. Je fis mes comptes. Je compris qu'un salaire de professeur invité ne me permettrait pas de faire face.

Chirac avait évoqué, dans l'une de nos fréquentes conversations, la possibilité de me chercher un point de chute aux Nations unies. Plus précisément au département des opérations de maintien de la paix. Le poste était occupé par un Français. Mais précisément, l'intéressé, Jean-Marie Guéhenno, brillant diplomate qui remplissait parfaitement sa tâche, n'avait nullement manifesté l'intention de changer d'affectation. Et, en toute hypothèse, je craignais que ma « qualité » de repris de justice ne compliquât les choses avec les autorités onusiennes. Je laissai tomber.

La solution canadienne, et plus précisément québécoise, commença à s'imposer. C'était l'Amérique, ce qui nous excitait tous. Mais une Amérique française, du moins le croyions-nous. Pour un séjour de un an, la rupture serait moins profonde, surtout pour la scolarité de nos filles.

Le montage de l'affaire ne fut pas simple. J'ai raconté les péripéties de mon arrivée.

Mais j'avais désormais un but. Isabelle aidant, les menaces de déprime se dissipèrent très vite.

Après discussion, je me mis d'accord avec les autorités universitaires de l'Enap sur le thème et le titre de mon cours : « Mondialisation et Etats-nations, quelles conséquences le mouvement actuel de mondialisation a-t-il sur le rôle des Etats-nations ? »

J'étais un peu paniqué. J'ai toujours aimé enseigner et l'on me reconnaît parfois quelque talent pédagogique. Mais j'ai eu peu d'occasions de déployer ce talent devant des élèves ou des étudiants. Un lointain stage d'agrégation en 1967, au lycée Janson-de-Sailly, qui m'avait confronté à une classe de quatrième totalement rétive à la poésie des fables de La Fontaine dont j'essayais maladroitement de lui faire apprécier les subtilités. Deux ou trois ans à l'Essec, à Cergy-Pontoise, où j'assurais le cours sur l'histoire des idées politiques destiné aux candidats à l'Ena. Et quelques autres expériences ponctuelles.

Il me fallait donc m'atteler à la préparation d'un cours digne de ce nom.

Pour me mettre la pression, j'acceptai la proposition que m'avait faite Richard Descoings d'animer un séminaire de quatrième année à Sciences-po.

Ce fut une heureuse expérience.

D'abord, elle m'obligea à beaucoup lire et beaucoup travailler. J'avais choisi de traiter des forces et des faiblesses de la France, et de sa capacité à se réformer dans la compétition internationale, ce qui m'amenait à aborder des sujets très variés : flux migratoires, régimes de protection sociale, politiques de recherche, perspectives européennes... C'est plus de boulot qu'on ne croit, quand on n'a pas déjà un cours en portefeuille. J'écumai le catalogue de La Documentation française dont les publications sont une mine. Et puis je découvris Internet et ses moteurs de recherche. Outil extraordinaire pour constituer sa bibliographie, pour vérifier une date ou une définition, pour accéder à d'inépuisables sources de renseignement et de savoir. Sans Google, je n'y serais pas arrivé. J'étais d'autant plus motivé que j'avais conscience d'investir pour le Québec.

L'expérience humaine, aussi, fut enrichissante. J'avais peu d'étudiants. C'était un séminaire d'une trentaine de participants, une heure et demie par semaine, pendant un semestre universitaire. Je pus donc avoir un vrai contact avec chacun d'entre eux, d'autant que je faisais commencer chaque séance par un exposé, individuel ou en binôme.

Leur jeunesse m'étonna. Leur réserve au début. Une fois encore, ma réputation ou mes titres me précédaient. Mais l'atmosphère se détendit rapidement. Je les trouvai intelligents, scrupuleux, savants. Manquant un peu du sens de la provocation. Mais c'était encore ma faute. Ce qui me toucha beaucoup, c'est l'invitation qu'ils me lancèrent, en fin de semestre, à les rejoindre sur les pelouses du Champ-de-Mars, pour un pique-nique décontracté. Le plus hardi me glissa à l'oreille qu'il serait bienvenu que l'ancien maire de Bordeaux s'occupât de la boisson. J'entendis le message et mes bouteilles eurent du succès. Avec Isabelle qui m'accompagnait, nous passâmes une soirée délicieuse. Le contact de la jeunesse est un puissant antidote à la connerie des gens en place.

Et pendant ce temps-là... la campagne référendaire sur le projet de constitution européenne battait son plein. Ce fut, pour moi, une grande frustration de ne pouvoir y participer, et, *in fine*, d'être privé du droit de vote.

J'ai toujours aimé l'idée européenne. Dans la grande famille gaulliste, aux sensibilités si diverses, je me rangeais volontiers dans les rangs des « européistes », aux côtés de Jacques Chaban-Delmas et de quelques autres, plus proches de ma génération, tel Michel Barnier. J'avais beaucoup de respect pour Michel Debré, mais je ne me reconnaissais pas dans ses diatribes souverainistes.

J'avais pris plaisir à faire campagne, en 1989, sur la liste UDF/RPR que conduisait Valéry Giscard d'Estaing et dont j'étais le numéro 2. Avec Chirac et Balladur, et contre le sentiment majoritaire de notre parti, j'avais aussi fait campagne pour le oui au référendum de ratification du traité de Maastricht. Au Quai d'Orsay, j'avais rudement défendu les intérêts de la France dans la négociation commerciale de l'Uruguay Round, ce qui m'avait parfois amené à m'opposer violemment au commissaire britannique Leon Brittan. Mais je ne crois pas avoir laissé le souvenir d'un « eurosceptique », bien au contraire. Je m'étais réjoui de voir les députés européens du RPR rejoindre enfin les rangs du PPE, le Parti populaire européen, seul contrepoids efficace au puissant groupe socialiste du Parlement européen.

Le projet de constitution m'enthousiasmait. Sa charte des droits fondamentaux me semblait un beau texte, qui exprimait en termes simples nos valeurs communes. Les percées institutionnelles étaient importantes, qu'il s'agisse de la présidence stable, de l'extension du vote à la majorité qualifiée, des nouvelles pondérations, des pouvoirs accrus conférés au Parlement européen, mais aussi aux Parlements nationaux, etc. Le procès en complexité me paraissait injustifié. Qui fait de la Constitution française de 1958, revue et corrigée depuis, son livre de chevet ? Il est vrai qu'on aurait pu faire l'économie de la fameuse et fumeuse troisième partie sur laquelle se déchaînèrent tous les partisans du non, Fabius en tête. Je continuais pourtant à aimer le mot de « constitution » qui nous faisait franchir un nouveau seuil.

J'expliquais tout cela sur mon « blog notes » auquel je consacrais, en cette période, beaucoup d'heures et d'énergie. Il était très consulté, mais il n'eut malheureusement pas la même influence que certains blogs « nonistes » qui firent un tabac. J'invitai Michel Barnier à Bordeaux. Il fut percutant. Alain Lamassoure qui conduisait la liste du grand Sud-Ouest organisa de belles réunions. Rien n'y fit. Le succès du non m'attrista et m'attriste toujours.

Comment expliquer notre incapacité à montrer ce que la France a gagné et continue à gagner à l'intégration européenne, ou, si le mot « intégration » fait peur, à la construction d'une Europe plus solidaire, capable de mieux défendre nos intérêts communs dans un monde chaotique ?

C'est l'une des questions les plus dérangeantes pour les hommes et les femmes politiques qui, dans leur majorité, à droite comme à gauche, partagent l'idéal européen, mais qui ne réussissent pas à entraîner une majorité de leurs concitoyens. Divorce entre les élites et le peuple ? L'explication ne suffit pas. Ou elle ne règle rien. L'enjeu, c'est précisément, sauf démagogie, que les élites éclairent le peuple. Contre toutes mes convictions antérieures, je finis par me demander si le référendum est le meilleur moyen d'y parvenir, tant il brouille les cartes : en l'occurrence, l'impopularité du gouvernement Raffarin occulta la question posée.

Prêts au départ !

Nous avons trouvé une jolie maison dans le quartier d'Outremont, au pied du Mont-Royal. Le collège Stanislas où Charline et Clara sont inscrites, respectivement en seconde et en septième, comme on dit toujours au Québec, est tout proche de chez nous. Isabelle a noué ses contacts professionnels. J'ai mon emploi du temps : deux séances de trois heures chacune par semaine, l'une à Montréal, l'autre à Gatineau (voisine québécoise d'Ottawa) pendant le premier semestre. Ensuite, ce sera Québec.

C'est, pour moi, une étrange sensation de débarquer, à soixante berges, loin de chez soi, sans grands bagages puisque nous avons loué une maison meublée.

Isabelle, Charline et Clara sont toutes pimpantes, malgré les sept heures de vol que nous venons de subir. Solange nous rejoindra plus tard. Début août, il fait chaud et humide à Montréal. La journée s'achève, lumineuse. Avec le décalage horaire, nous sommes, nous, en pleine nuit.

Le centre-ville de Montréal, avec ses quelques gratte-ciel, a un faux air de Manhattan. Du moins dans nos imaginations. Le fleuve est superbe. Il nous accompagnera tout au long de l'année.

Cœurs battant dans nos poitrines. Excitation de la découverte. Les filles ne connaissent ni le quartier, ni la maison. Leur curiosité est joyeuse. Aucune provision dans le frigidaire bien sûr. Au flair, nous explorons les rues avoisinantes. Notre errance nous conduit rue Bernard qui, pendant une année, sera quasiment notre quartier général. Sans trop réfléchir, nous nous affalons sur les chaises de la première terrasse de restaurant venue. Et nous commandons le plat vedette de la carte : moules-frites. Je n'aurais jamais imaginé attaquer notre vie montréalaise par une très européenne assiette de moules/frites, sous 40 °C de température et 80 % d'humidité.

Nous avons adoré notre séjour québécois. Les filles, tout à leur adolescence, ont déjà tourné la page. Mais Isabelle et moi n'en sommes pas encore remis.

Pourquoi ces effluves de bonheur qui nous gonflent la poitrine, chaque fois que nous prononçons quelques noms de rues ou de lieux magiques : Bernard, Laurier, Saint-Viateur, Saint-Laurent, Sainte-

Catherine, Atwater et tant d'autres? Ce n'est pas du cinéma. Il s'est vraiment passé quelque chose dans notre vie.

Avec le recul de deux années, j'essaie de comprendre cette alchimie du bonheur.

Oh! par moments, le doute s'insinuait. Mon cours à Gatineau s'achevait vers 19 h 30. Le plus souvent, je regagnais Montréal le soir même. Deux cents kilomètres d'excellente route. Un peu plus de deux heures, car je respectais (presque) scrupuleusement les limitations de vitesse. Je redoutais les policiers et... les orignaux. Isabelle m'accompagnait souvent. Le problème, c'était le dîner. Les restaurants ferment de bonne heure au Canada. Il m'arrivait, le cours fini, de discuter avec mes étudiants. A 21 heures, quand je reprenais ma voiture, c'était presque le couvre-feu. J'ai parfois échoué seul sur des aires d'autoroute, dans des salles désertes et froides de McDo ou de Subway, en train de mâchouiller un « sous-marin » (sorte de sandwich québécois) débordant de mayonnaise. Et je me demandais : « Que fais-tu là? Si loin de tout et de tous? Où cela te mène-t-il? » Le plus surprenant, c'est que j'en souriais. Un soir de novembre, le restaurant était particulièrement sinistre : une salle carrelée de blanc, style hôpital; quelques buveurs de bière en état d'imbibition déjà avancé; un service évanescent. Tout d'un coup, je me suis dédoublé. Et je me suis dit : « Profite! Tu n'auras pas l'occasion de revivre des moments aussi drôles! »

Alchimie du bonheur. Le bonheur d'être ensemble, en famille. Depuis des décennies, je mène une existence qui n'est pas très propice à l'épanouissement de la vie familiale. Litote! Pas étonnant que les couples aient du mal à survivre à l'engagement politique d'un des deux partenaires (ou des deux : tels Ségolène Royal et François Hollande). J'en ai moi-même fait l'expérience dans une vie antérieure.

A Montréal, nous nous sommes retrouvés. Isabelle et moi. Nous et nos filles. Nous avions nos obligations professionnelles, certes. Mais rien à voir, du moins pour moi, avec ce que je vivais depuis des années. J'aimais les retrouvailles du soir, autour du journal télévisé de Radio Canada et de la table qu'enrichissait souvent une spécialité québécoise, fromagère ou pâtissière. Joie triviale ? Peut-être, mais joie vraie.

On a fait du sport. Beaucoup de ski l'hiver à Mont-Tremblant, et les femmes du patin à glace un peu partout. Du vélo l'été ou de longues baignades dans d'innombrables lacs. On a sillonné le Québec, de Magog à Tadoussac, de Rouyn-Noranda à Trois-Rivières ou Drummondville, mais aussi l'Ontario, la Saskatchewan, la Colombie-Britannique et même une incursion au Nunavut !

Pays sans limites, mais surtout gens sans peurs.

Nous avons adoré les Québécois, proches ou inconnus. Leur simplicité, leur générosité, leur sérénité, leur optimisme. J'ai parcouru près de 25 000 kilomètres au volant de ma voiture (un gros 4 × 4 américain, je l'avoue, mais par temps de neige, c'est utile !) et je n'ai jamais eu la moindre altercation avec aucun conducteur. Même en cherchant une place de stationnement dans Montréal ! A peine avais-je remis les pieds en France, à Bordeaux, que, devant une école, j'assiste à une engueulade mémorable entre deux parents d'élèves énervés. Et pourtant, à Bordeaux, on est plus cool qu'à Paris !

L'anonymat m'a fait du bien. Il n'était pas absolu, car beaucoup de Québécois suivent avec attention la vie politique française. Les rues de Montréal et de Québec fourmillent d'immigrants et de touristes français. Mais, évidemment, rien à voir avec ce qui m'arrive souvent chez nous. Quel bonheur de se promener dans la plus complète insouciance, dans la tenue la plus décontractée, de bayer aux corneilles à la terrasse d'un café, de faire la queue devant un cinéma sans empocher une ou deux demandes d'intervention, emploi ou logement le plus souvent !

On peut flâner par – 25 °C. Il suffit d'un bon Kanuk (la marque de manteaux la plus prisée au Canada), d'un chapeau (je m'y suis mis), de bottes et de gants bien fourrés. Quand l'air est sec et lumineux, quand le « facteur de refroidissement éolien » ne vient pas faire baisser le thermomètre, ce n'est que du plaisir.

Enseigner à l'Enap m'a comblé.

Comme le directeur me l'a confié au moment de mon départ, l'administration de l'école et le corps enseignant m'attendaient avec un brin d'inquiétude. « Ancien Premier ministre, pour qui va-t-il se prendre ? Va-t-il nous demander un traitement de faveur ? Eh bien ! on va lui réserver le sort commun ! »

Ç'est ce qui s'est passé, pour mon plus grand bien et mon plus grand plaisir. M'envoyer chaque semaine à Gatineau pendant tout un semestre était une forme de bizutage, paraît-il. J'y ai rencontré des étudiants très motivés, pour la plupart jeunes cadres de l'administration fédérale qui souhaitaient compléter leurs connaissances en matière internationale. Nous nous sommes bien entendus et, si j'en juge par les notes qu'ils m'ont attribuées (car l'usage est là-bas bien établi que les étudiants notent leurs professeurs...), mon cours les a intéressés.

Même expérience réussie, avec des publics différents, à Montréal et à Québec. Dans la capitale politique de la Belle Province, la majorité de mes étudiants étaient des Québécois « pure laine », comme on dit chez eux. Dans la capitale économique, Montréal, j'avais devant moi tout le kaléidoscope de la planète : Mexicains, Marocains, Moyen-Orientaux, Asiatiques, Français, et même quelques Montréalais. Chaque fois, le contact fut facile et les échanges nourris. Personne n'hésite à prendre la parole, voire à bombarder le prof de questions, jamais agressives, le plus souvent pertinentes. En France, l'échauffement est parfois plus lent. Chaque fois, le semestre s'acheva dans la plus grande convivialité

Outre mes cours, j'ai donné de nombreuses conférences, devant toutes sortes de publics, dans plusieurs villes du Québec, au Canada anglophone, aux Etats-Unis, au Mexique... Je suis perfectionniste. A chaque occasion, je préparais méticuleusement mon topo, qui tournait toujours autour de la question de la mondialisation, mais que j'essayais de renouveler et d'aborder sous un angle nouveau. Je n'en étais pas moins stressé. Surtout quand il me fallait m'exprimer en anglais. Lire un texte préparé ne me pose pas de problème. Me prêter au jeu des questions/réponses, en revanche, me demande effort et tension. J'y réussissais plus ou moins bien. A la sortie, je guettais la réaction d'Isabelle.

Je parlais aussi beaucoup de la France, de ses forces et de ses faiblesses, de ses peurs et de ses audaces. En décembre 2005, les écrans de télévision furent envahis d'images montrant nos banlieues en révolte. Il me fallut beaucoup ramer pour expliquer que le pays tout entier n'était pas à feu et à sang, et que les touristes pouvaient toujours s'y risquer.

J'eus de longues discussions sur les mérites comparés des politiques d'immigration et d'intégration au Canada et en France. Je voulus d'abord m'informer et comprendre. Je passai toute une soirée, dans la banlieue de Montréal, avec un ami de mon prof d'anglais, lui-même fonctionnaire des services de l'immigration. Je me fis expliquer en détail le fonctionnement du système et notamment l'articulation des règles fédérales et provinciales. J'en retins que les autorités canadiennes et québécoises organisaient une véritable prospection dans les pays dont l'immigration les intéressait, puis sélectionnaient soigneusement les candidats en appliquant une grille bien précise, où le niveau de qualification tenait une place importante.

Une fois instruit, je tentai de convaincre mes interlocuteurs qu'aucun des deux systèmes n'est parfait. Je lisais que le taux de chômage dans la population noire de Montréal est supérieur à la moyenne. Je voyais que certaines communautés s'enferment dans des quartiers très homogènes. Et, flèche du Parthe, je suggérais qu'il est plus facile d'intégrer des immigrants soigneusement sélectionnés, parmi lesquels beaucoup de bac + cinq, que des clandestins sans aucune formation. Mes conversations avec les chauffeurs de taxi (ah, les taxis de Montréal : toujours disponibles, à toute heure !) me confortaient dans mon idée : il n'était pas rare que certains me confient le récit de leurs aventures et mésaventures ; j'appris ainsi de la bouche de l'un d'entre eux qu'il était titulaire d'un mastère de l'Enap. J'en conclus que l'intégration n'est pas toujours un chemin de roses, même au Québec !

Les Québécois ont, avec la France, une relation compliquée. Je l'ai trouvée bien résumée dans un titre du quotidien *Le Devoir* : « L'amère mère patrie ! » C'est encore, dans le cœur de beaucoup, la mère patrie où l'on va chercher ses racines, l'origine de son nom, les traces de ses ancêtres. Mais c'est aussi l'objet (ou le sujet) de beaucoup de rancœurs et de frustrations. Le reproche d'abandon ou de trahison rôde toujours dans les esprits. La devise de la Belle Province est, de ce point de vue, ambiguë : « Je me souviens ». Promesse d'amour. Menace de ressentiment. Et puis, dans le temps présent, le reproche d'arrogance. « Peuple cassant et cassable », dit de nous un universitaire qui nous connaît bien. Arrogant et fragile. Arrogance insupportable quand nous moquons l'accent ou les expressions de leur si belle langue française. Arrogance nourrie d'ignorance et d'incompréhension : nous ne soupçonnons pas la puissance du tollé que peut provoquer un reportage comme celui de *Paris Match* qui, à l'occasion des festivités du 400e anniversaire de la fondation de Québec, montra des pho tos de Montréal, et de la gouverneure générale... du Canada.

Michaëlle Jean, gouverneure générale du Canada, c'est-à-dire représentante de la reine, chef de l'Etat, est une femme formidable. Nous étions encore au Canada quand le Premier Ministre fédéral, Paul Martin, eut l'idée géniale de proposer son nom à Londres. Une femme, noire, née en Haïti, cumulant les nationalités française et canadienne, francophone, jolie, journaliste... et mariée à un Canadien né Français qui avait flirté dans le passé avec les idées séparatistes ! Certes, sa nomination provoqua quelques remous, en particulier chez les anglophones qui demandèrent et obtinrent qu'elle abandonnât sa nationalité française. Mais très vite, son sens de la communication fit merveille et l'évidence de sa réussite s'imposa à tous.

Bordeaux l'accueillit en mai 2008, à l'occasion de sa visite officielle en France. Son charisme subjugua. Elle avait souhaité prendre directement contact avec les habitants d'un quartier exemplaire de la diversité de la ville. Je l'amenai à Saint-Michel, où cohabitent harmonieusement des populations d'origine espagnole, portugaise, maghrébine, africaine, etc. Notre passage rue des Faures, au milieu des commerces nord-africains, se fit dans la bonne humeur. La réunion avec les associations représentatives des différentes communautés permit des échanges très directs et très amicaux. J'admirai la capacité d'écoute de Michaëlle Jean. Quelques mois plus tard, en novembre 2008, j'eus la confirmation qu'elle était femme de parole : elle nous reçut, comme promis, Isabelle et moi, dans sa résidence officielle de Rideau Hall à Ottawa ; elle y avait invité quelques notables fédéraux mais aussi de jeunes responsables associatifs avec qui nous évoquâmes de nouveau l'idée de jumeler le quartier Saint-Michel de Bordeaux et celui du même nom qui lui ressemble à Montréal. Je suis sûr que nous réaliserons ce projet.

Sa visite me donna l'occasion de m'exprimer sur l'actualité politique franco-québécoise. Certaines déclarations de Jean-Pierre Raffarin avaient en effet ému nos amis d'outre-Atlantique, et d'abord ceux du Parti québécois. Notre ancien Premier ministre avait émis l'idée que la fameuse doctrine du ni-ni qui constituait, depuis des décennies, l'épine dorsale de nos relations politiques était désormais dépassée : ni ingérence ni indifférence, la France ne s'ingère pas dans les affaires du Canada et du Québec, mais elle ne reste pas indifférente au combat que mène le Québec pour préserver son identité. Lors de ma visite officielle au Canada et au Québec, en 1996, j'avais enrichi cette doctrine d'un engagement supplémentaire envers les Québécois : « Quels que soient vos choix, la France vous accompagnera. »

La petite phrase de Raffarin avait été ressentie comme un début de lâchage. L'inquiétude était accrue par le réchauffement des relations France-Etats-Unis dans lequel les plus ombrageux de nos amis québécois voyaient un risque d'alignement de Paris sur Ottawa.

Je lançai à mon tour ma petite phrase : « Tous les Canadiens sont nos amis, cela va de soi depuis longtemps; nous sommes très attachés à nos bonnes relations avec Ottawa. Mais entre les Québécois et nous, il y a quelque chose de plus : nous sommes frères. » Je répétai la formule quelques jours plus tard quand le Premier ministre du Québec, Jean Charest, vint à son tour à Bordeaux. Elle fit la une des journaux québécois. Elle fit mouche au point que Nicolas Sarkozy l'adopta et l'utilisa le jour où, à l'Elysée, il décora Céline Dion de la Légion d'honneur. J'étais content d'avoir bien servi l'amitié franco-québécoise...

On ne se change pas : je n'ai pu m'empêcher de suivre attentivement les grands moments de la vie politique canadienne. Et je fus gâté.

Il y eut d'abord la bataille pour la chefferie du PQ, c'est-à-dire la campagne pour la présidence du Parti québécois.

Parti qui porte le rêve d'indépendance du Québec, parti idéologiquement de centre gauche, très attaché à l'intervention de l'Etat dans la vie économique et sociale du pays, parti qui compte beaucoup d'amis en France tant chez les socialistes que chez les gaullistes. J'ai des liens personnels étroits avec plusieurs de ses leaders : Lucien Bouchard qui était Premier ministre en même temps que moi et qui m'accueillit à l'occasion d'une de ces « visites alternées » qui rythment la relation franco-québécoise, mais aussi Bernard Landry, Pauline Marois ou Louise Beaudoin.

J'assistai de même aux joutes électorales de la campagne fédérale qui porta le conservateur Stephen Harper au pouvoir. J'admirai son habileté tactique : pour gagner des voix et des sièges au Québec, qui n'était pas une place forte de son parti, il tint un discours très ouvert sur l'autonomie québécoise. Il eut même l'audace de reconnaître l'existence d'une « Nation québécoise » constitutive de l'identité canadienne et de déclarer, à l'occasion d'un voyage en Australie : « Le Canada est né en français. » Le calcul fut payant. Le Québec lui donna les sièges qui lui assurèrent une victoire toute relative. Mais son gouvernement, bien que minoritaire, tient toujours la route. Il est vrai que, depuis, le PQ a fait, au Québec, une belle remontée et a retrouvé, lors des élections législatives de décembre 2008, sa place et son statut de seule opposition officielle.

Ce qui n'a pas empêché mon ami Jean Charest, Premier ministre libéral du Québec, de réussir son pari. Sacré animal politique ! Il a l'intelligence vive et pragmatique. Sa simplicité et sa bonhomie lui donnent un charisme immédiat. Il a le don de traverser avec une calme détermination les périodes d'impopularité les plus noires. Lui et sa femme ont été avec nous d'une prévenance et d'une gentillesse qu'on trouve rarement au même degré dans la classe politique européenne.

Sans m'immiscer dans les affaires intérieures de la Belle Province, et tout en cultivant des amitiés sincères avec des membres du PQ, je me suis réjoui qu'à ces mêmes élections de décembre 2008, Charest ait atteint son objectif : disposer enfin d'une majorité absolue, étroite certes, mais absolue, à l'Assemblée nationale.

On me demande souvent de dresser le tableau des ressemblances et des différences entre les mœurs politiques de chaque côté de l'Atlantique. La question m'embarrasse. Bien sûr, l'influence britannique est restée très forte, même au Québec : l'alternance bipartisane est la règle ; le chef de l'opposition bénéficie d'un statut officiel ; la disposition physique de la salle des séances de l'Assemblée nationale est la même qu'à Westminster, c'est-à-dire que les parlementaires de la majorité et de l'opposition sont assis face à face. Mais les campagnes électorales sont aussi rudes que chez nous et les méthodes se ressemblent : réunions publiques, débats télévisés, et même distribution de tracts sur les marchés. Le personnel politique dont on raconte qu'il effectue l'aller-retour entre le secteur public et le secteur privé fait preuve d'une belle longévité ; ici aussi, la politique est un métier. Il est vrai qu'à peu près tous les hommes politiques prennent leur retraite dans un grand cabinet d'avocats !

Et la relation avec la presse ? On la dit plus franche, plus rude en Amérique. C'est probable. Mais je suis mauvais juge. Juge et partie. Je n'ai eu aucun problème avec la presse canadienne qui m'est apparue très professionnelle, c'est-à-dire compétente, et respectueuse des règles posées d'un commun accord.

En France, c'est une autre paire de manches !

Entre nous, tout avait pourtant bien commencé. A mes débuts, j'avais des relations plutôt sympas avec les journalistes. Dépassionnées, en général. (Il faut une exception à toute règle : elle se prénomma Isabelle, qui était journaliste à *La Croix* quand j'en tombai éperdument amoureux.) Mes premiers pas les intéressaient. Pendant mon séjour au Quai d'Orsay, ce fut l'idylle. Tout se brouilla quand j'arrivai à Matignon. Je me sentis en permanence agressé, ce qui était évidemment exagéré. J'accumulai les maladresses. Mais je ne parvins pas à rectifier le tir. J'en ai été traumatisé et en garde une méfiance viscérale envers la profession. A preuve : lorsque, à mon arrivée à Gatineau, fin août 2005, je découvris, sur le parvis du bâtiment de l'Enap, la présence d'Anne Fulda, journaliste au *Figaro*, mon premier réflexe fut mauvais : « Que me veut-elle ? Que veut-elle faire dire à mes étudiants ? Des vacheries sans doute… »

Je me bloque donc. Ou, selon les cas, je me lâche trop. Pourtant Isabelle, qui reste passionnément attachée à son ancien métier, m'avertit : « Ne considère les journalistes ni comme des copains à qui tu peux tout confier en espérant qu'ils trieront le bon grain de l'ivraie, ni comme des ennemis à qui il faut cacher ou enjoliver la vérité. Ce sont des professionnels : leur métier c'est la chasse à l'info. Si tu leur en donnes, ils sont contents et ils s'en servent. »

Vision juste, mais un peu naïve. Je continue à penser que les journalistes ont, comme chacun d'entre nous, quelques idées préconçues, et des préférences politiques. Après tout, quoi de plus normal. A moi de les détecter. Ce que j'admets moins bien, c'est l'absence de professionnalisme... ou l'excès d'ego. On est parfois choqué de voir les hommes politiques français demander à relire leurs interviews. Mais de deux choses l'une : ou bien le journaliste reproduit exactement et donc intégralement les propos de l'homme politique, et le travail est accompli. Ce n'est naturellement jamais le cas. Ou bien le journaliste fait parler l'homme politique pendant une heure pour en tirer une demi-page rédigée à sa manière, et alors il est légitime de vérifier si l'on s'est bien fait comprendre. Ce qui fait la différence finalement, ce n'est pas la couleur politique des verres de lunettes, c'est le talent de la plume. Dans le texte de ma dernière interview, qui avait été longue, je n'ai pas changé un mot. En revanche, combien de fois m'est-il arrivé de devoir réécrire des phrases entières, rédigées dans un pathos qui n'était pas le mien ?

Aurai-je la cruauté de rappeler cette péripétie récente de ma vie d'édile bordelais ? J'inaugure une nouvelle salle de quartier, au milieu d'une foule nombreuse ; je prononce un assez long discours à la tribune; pendant une heure, je partage le verre de l'amitié avec les gens du quartier. Le lendemain, dans le journal, compte rendu sur trois colonnes : le seul responsable cité est le conseiller général socialiste du canton; pas un mot sur ma présence! Pour une fois, je décroche mon téléphone et j'appelle le directeur de la rédaction. Réponse très décontractée : « Oh! N'y voyez pas malice. C'est un tout jeune journaliste. Il ne vous connaît pas. » Je reste sans voix.

Il y a des interviewers de grand talent qui préparent leur travail. Jean-Pierre Elkabbach est de ceux-là. Je suis toujours impressionné par le jeu de fiches qu'il tient en main pour mieux cuisiner son interlocuteur. J'ai appris à apprécier Jean-Michel Aphatie dont je trouvais, au début, les sympathies un peu trop apparentes, mais dont je reconnais la grande clarté de pensée et le talent d'investigation.

A côté de ceux-là, quelques chroniqueurs qui répètent leur texte depuis trente ans... tout en appelant au renouvellement de la classe politique. Ou encore les « Monsieur-je-sais-tout » qui vous expliquent les pensées et arrière-pensées du président de la République ou du Premier ministre avec une assurance désarmante. Il faut être dans les secrets des dieux.

Je vais aggraver mon cas. Tant pis. Je me sens libre comme l'air.

Dimanche 5 octobre 2008. Je paresse dans mon lit en partageant avec Isabelle la lecture des journaux. L'un des grands sujets du jour, c'est le « mini-sommet » de l'Elysée qui réunissait hier, autour de Nicolas Sarkozy, la chancelière allemande, Angela Merkel, le Premier Ministre britannique, Gordon Brown, et le président du Conseil italien, Silvio Berlusconi. Objectif : trouver une riposte commune à la crise financière qui secoue la planète.

*Sud-Ouest* titre : « Tous solidaires, mais séparément ». Frank De Bondt, de la rédaction parisienne, fait un compte rendu factuel et conclut : « L'initiative européenne a peut-être une chance d'être entendue. »

Dans les colonnes du *JDD*, Claude Askolowitch et Nicolas Prissette n'y vont pas de plume morte : « Sarkozy a brisé le dogme ». Et d'ajouter : « Pour le président français, c'est un succès. Une nouvelle fois, il bouscule l'Europe, ou la force à s'adapter. »

Au-delà de la différence d'interprétation du même événement, qui est parfaitement légitime, et même utile à la réflexion (il est juste de noter que la fin de l'article du *JDD* nuance l'hyperbole : « Nicolas Sarkozy n'a pas encore refait le monde »), ce qui m'intéresse et m'amuse, c'est le contraste dans l'approche : froide chez De Bondt, totalement émotionnelle chez les journalistes du *JDD* qui commencent ainsi leur récit : « Six hommes et six femmes aux traits tirés, le teint livide, le fond de teint masquant mal la fatigue devant les caméras de télévision... Nicolas Sarkozy a les yeux rouges. Il est presque posé, lui qui ne communique d'habitude que dans le survoltage. » Atmosphère, atmosphère ! On s'y croirait.

L'anecdote me ramène à ma dernière lecture : *La Géopolitique de l'émotion*, de Dominique Moïsi. L'auteur résume ainsi la thèse centrale de son livre : « Les émotions sont incontournables pour la compréhension du monde. »

Il ajoute : « J'ai choisi... de me concentrer sur trois émotions primaires : l'espoir, l'humiliation et la peur. » La démonstration est séduisante.

« Si je pouvais crever, vous seriez contents ! »

J'ai balancé cette phrase à la meute de journalistes qui m'assaillaient à Bordeaux, le 8 juin 2007 de bon matin, au lendemain de ma défaite à l'élection législative. On y a vu de la hargne. C'était tout simplement du désarroi. J'étais malheureux et je ne comprenais pas qu'on s'acharnât sur moi, en me pressant vingt fois de la même question : « Comment allez-vous ? Mais comment allez-vous, ce matin ? » J'y sentais de la curiosité morbide, une agression presque physique, micros, caméras, flashes de tous côtés. Je revendique le droit à l'émotion.

Même à Montréal, la politique française ne me lâcha pas longtemps les baskets. A moins que je ne fusse le premier à renouer avec elle ?

De temps en temps, Jacques Chirac prenait des nouvelles de la famille. Comme à son habitude, il détaillait : « Comment va Isabelle ? Comment va Clara ? Comment va Charline ? » Son attention à chacun, ou chacune en l'espèce, m'a toujours bluffé. « Quand venez-vous à Paris, pour que nous puissions parler politique ? » Je n'allais pas souvent à Paris. Je comprenais qu'il n'en démordait pas. A ses yeux, les jeux n'étaient pas faits et je ne devais rien m'interdire. Il ne me disait encore rien de ses intentions personnelles.

A partir de janvier 2006, c'est Bordeaux qui occupa mes réflexions et mes conversations. Les rumeurs qui me revenaient n'étaient pas entièrement rassurantes. On m'envoyait une coupure de presse dans laquelle Jacques Valade expliquait que, après tout, Hugues Martin et lui se débrouillaient parfaitement tout seuls et qu'à la communauté urbaine, sous la présidence d'Alain Rousset, on pouvait enfin parler. J'appréciai ce beau témoignage de loyauté. Lors d'une réunion de l'équipe municipale, Hugues Martin posa la question de mon retour. Quelques voix s'élevèrent pour me conseiller de prendre mon temps. Je voulus en avoir le cœur net. Officiellement, je n'avais encore rien décidé. Mais au fond de moi-même, je sentais une force irrépressible qui me poussait à revenir. Plusieurs Bordelais firent le voyage de Montréal. Didier Cazabonne par exemple, et Hugues Martin lui-même. Je ne doutais pas de lui. Au bout de quelques minutes de conversation, je compris que je ne m'étais pas trompé. « A l'instant où tu rentres, me dit-il, je démissionne pour te permettre, si les Bordelais le veulent et ils le voudront, de reprendre ton siège de maire. »

Nous convînmes de ne rien dire avant juin.

La fidélité est une vertu rare en politique. Hugues Martin la porte haut. Nous formons ensemble une équipe peu commune : nos personnalités sont différentes, nos parcours aussi; et pourtant, nous avons tissé une relation de confiance qui résiste à tout. Dès 1995, j'en ai fait mon premier adjoint. J'ai voulu qu'il accédât à des fonctions parlementaires et j'ai obtenu de Nicolas Sarkozy qu'il figurât en position éligible sur la liste européenne du RPR en 1999. Il a été un excellent parlementaire européen. Quand j'ai dû démissionner du conseil municipal en 2004, je lui ai remis le flambeau alors que Jacques Valade pouvait y prétendre. A la lumière de ce que j'ai raconté, on voit que j'ai fait le bon choix. Je regrette profondément que les circonstances et la division de l'UMP ne lui aient pas permis d'entrer au Sénat à l'automne 2008. Nous avons encore plein de belles choses à faire ensemble pour Bordeaux.

Chaque jour, je passais plusieurs heures à surfer sur mon blog. J'ai raconté dans mes *Lettres d'un voyageur* les dialogues passionnants que j'ai noués avec des gens de la planète entière sur des tas de sujets : l'immigration, l'éducation, la mondialisation, l'Europe, etc. Ce qui me plaisait, c'était la franchise, parfois la rudesse des échanges. Et puis l'universalité : je mettais en ligne un texte sur une de mes lectures, sur un film que je venais de voir ou une personne que j'avais rencontrée, et dans la seconde je recevais une réaction venue de Singapour, de Ouagadougou ou de San Francisco. Je reste totalement fasciné par cette abolition du temps et de l'espace qu'Internet a déclenchée. Jean-Claude Guillebaud, dans son dernier livre *Le Commencement d'un monde*, a magistralement analysé le phénomène.

Nicolas Sarkozy se rappelait aussi à mon bon souvenir. Au fur et à mesure que l'année 2006 avançait, la pression qu'il tentait d'exercer sur moi se faisait plus forte. Il voulait que je prenne position. Je ne sentais ni agressivité ni menace dans sa voix. Mais l'impatience grandissait. Ma réponse était toujours la même : « Je ne bousculerai pas mon calendrier. Je prendrai position le moment venu. Le moment n'est pas encore venu. »

Etait-ce une posture tout à fait confortable? Sans doute moins que je ne le laisse entendre aujourd'hui. J'étais pris en tenailles entre Chirac qui me conjurait d'attendre et Sarkozy qui me demandait d'afficher la couleur. Je bénissais la distance qui me donnait du répit.

Mais l'hiver s'éloignait. Le printemps s'annonçait. On nous avait avertis : la transition est parfois longue; avril s'étire encore en froidures. Nous restions patients. Nous programmions nos vacances de juillet : Clara dans son camp ontarien; Charline aux Etats-Unis; nous deux dans l'Ouest canadien avec nos amis.

Le moment de parler du retour approchait.

J'ai raconté, dans *Lettres d'un voyageur*, comment notre petit conseil de famille prit sa décision. Premier vote pour départager Paris et Montréal : Paris, 0 voix, Montréal 4. Deuxième vote : Montréal 0 voix, Bordeaux 4.

Isabelle et moi avons vraiment hésité.

Nous étions heureux. Nous avions envie de le rester. L'Enap me proposait un nouveau contrat de an. La maison était disponible pour une année de plus. Je sentais qu'Isabelle redoutait ma rentrée dans l'atmosphère politique nationale. J'avais envie de la voir heureuse. Mais en même temps, une force sourde me poussait. L'idée d'abandonner définitivement Bordeaux et ce que je considérais comme mon œuvre me tourmentait. Attendre l'été 2007, laisser passer l'élection présidentielle pour ne pas avoir à m'en mêler? Perspective confortable. Mais n'était-ce pas aussi laisser passer le coche? Peu à peu, sans que je l'exprime clairement encore, ma décision se forgeait. Isabelle le sentait. Fidèle à elle-même, elle ne voulait pas contrarier ce que je croyais être la meilleure voie. Mais elle était pleine d'appréhension. Je ne sus pas résister à mon démon.

Au retour de Colombie-Britannique, nous commençâmes la tournée des amis. Nous étions dans un étrange état d'esprit : joyeux, léger, presque inconscient. Nous chassions tous les nuages : le sentiment qu'une époque merveilleuse de notre vie s'achevait ; l'angoisse que m'inspiraient la réinstallation dans une nouvelle maison, l'organisation d'une campagne électorale, l'incertitude du résultat. Une fois encore, je ne savais pas très bien ce qu'allait être ma vie, notre vie dans trois mois.

Au bord du lac Echo, avec Robert et Laurence Charlebois, nous flottions, entre deux mondes. C'était génial.

# 5

# Bordeaux ou les inconstances du cœur

17 juin 2007. Je suis seul dans mon bureau à la mairie. J'attends le résultat définitif de l'élection législative dans la deuxième circonscription de la Gironde. On s'affaire dans le bureau voisin du mien où sont installés les ordinateurs. Comme toujours, la collecte des chiffres est lente. Supplice. Je sais déjà que ce sera serré. De temps en temps, je vais jeter un coup d'œil anxieux sur les écrans. Isabelle ne les quitte pas du regard. Puis je retourne à ma solitude. Vers 21 heures, Clara, qui nous a accompagnés, entre en coup de vent : « Papa, papa ! Tu remontes ! Tu es à 52%. » Je feins de garder mon flegme. Mais je me précipite. Je comprends tout de suite : on vient d'enregistrer le résultat de plusieurs bons bureaux de vote; mais ceux qu'on attend encore sont mauvais.

J'écoute les commentaires à la télé : la vague bleue a reflué, le score de l'UMP sera moins bon qu'on ne pouvait le penser à la lecture des résultats du premier tour. Phénomène classique : l'annonce d'une trop large victoire incite les électeurs à corriger le tir. Le débat sur la TVA sociale, lancé de manière inopportune dimanche dernier par Borloo et entretenu par Fillon, nous a porté la poisse. Le

Premier ministre m'avait téléphoné il y a deux jours pour me le dire : « Tous les sondeurs nous donnent en recul de deux à trois points. »

Vers 21 h 30, je dois me rendre à l'évidence : je suis battu. Mon adversaire socialiste, Michèle Delaunay, obtient 50,93 % des suffrages, 670 voix d'avance.

Il faut descendre dans la salle des fêtes où m'attendent mes amis... et mes adversaires. Moment difficile. J'ai mis quelques idées sur un bout de papier. Je salue, sobrement, la victoire de Mme Delaunay. Je ne glose pas. Applaudissements de réconfort des uns, sifflets goguenards des autres. J'en ai gros sur la patate.

C'est plus dur encore face à la presse. Je dois répondre aux questions.

Je n'ai, bien sûr, pas encore analysé en détail les résultats d'un échec auquel je ne m'attendais pas. A chaud, je pointe le contexte national, mais aussi mon insuffisante mobilisation entre les deux tours. Le résultat du premier tour où j'avais frôlé les 44 % (43,73 exactement), soit douze points de mieux que ma principale adversaire, m'avait donné une confiance excessive. Il me semblait que le rapport droite/gauche ne pouvait être inversé : 52/40, en laissant de côté quelques candidats inclassables, et surtout l'extrême gauche et le Front national qui stagnaient chacun à 2,8 %.

Cherchez l'erreur !

Première explication : j'ai comptabilisé dans « mes » 52 % du premier tour la totalité des voix du candidat Modem, tendance CAP 21 (8,31 %). Bien que ce dernier n'ait donné aucune consigne de vote entre les deux tours, j'escomptais en récupérer la plus grande partie. D'autant que Corinne Lepage, présidente nationale de CAP 21, m'avait, à l'occasion d'un déplacement à Bordeaux, apporté son soutien personnel. Erreur ! Les plaies de l'élection présidentielle et de l'affrontement Sarkozy-Bayrou n'étaient pas encore refermées. Surtout dans une ville où le Béarnais avait obtenu 22 % des voix le 22 avril, et Ségolène Royal 52,44 % quinze jours plus tard. La majorité des électeurs Modem ont voté à gauche.

De plus, avec le recul, j'ai compris autre chose. J'avais fait campagne en disant aux Bordelais : « Je reste votre maire. Je vous demande de m'élire à l'Assemblée nationale, mais dès que je serai élu, je céderai ma place à mon suppléant Hugues Martin, votre député sortant que vous pourrez ainsi retrouver. Quant à moi je retournerai illico au gouvernement, dans ce ministère de l'Ecologie, du Développement et de l'Aménagement durable (Medad) que je me suis taillé sur mesure, et je préparerai le Grenelle de l'environnement. »

En pleine campagne, rue des Trois-Conils, une jolie blonde m'avait interpellé : « Monsieur Juppé, je ne voterai pas pour vous. Je suis néerlandaise et, dans mon pays, personne ne pourrait cumuler les fonctions de maire, de député et de ministre, ni se présenter à la députation avec l'intention de ne pas siéger au Parlement ! » Sur l'instant, je n'y prêtai pas plus d'attention. Je mis cette sortie sur le compte d'un excès de vertu nordique. Je me rends compte aujourd'hui que beaucoup de Bordelais « pure laine » eurent la même réaction. Les temps ont changé. Ce qu'ils acceptaient volontiers de Chaban leur paraît désormais choquant. Ils veulent un maire à plein temps. Ma belle construction :

« maire toujours, député un jour, ministre... durable » s'était transformée en une sorte de triangle des Bermudes où je m'étais abîmé. Pour bien montrer que je ne perdais pas mon sens de l'humour, je répétais à loisir la boutade dont j'étais très satisfait : « J'aurai été le moins durable des ministres du Développement durable. »

J'y tenais, pourtant, à ce ministère !

On me demande souvent, avec un soupçon de reproche : « C'est donc au Québec que vous êtes devenu écolo ? »

Il y a une part de vérité. Non pas que j'aie découvert, outre-Atlantique, un pays exemplaire. Au Canada comme aux Etats-Unis, on a (on avait ?) le culte de la grosse bagnole, du 4 × 4 qui consomme 15 à 20 litres aux 100 kilomètres. Tout est fait pour adapter la ville à la voiture et non l'inverse. Certes, 80 % de l'électricité consommée au Québec vient des barrages ; nous avons visité dans la baie James des ouvrages titanesques. Zéro émission de gaz à effet de serre ou presque ! Mais l'Alberta exploite ses schistes bitumineux dans des conditions désastreuses pour l'environnement. Et le gouvernement Harper s'était aligné sur la position de Bush qui refusait de ratifier ou d'appliquer le protocole de Kyoto.

D'un autre côté, les effets du réchauffement climatique commencent à angoisser les populations. A Iqaluit, capitale du Nunavut, on nous a expliqué que le permafrost (pergélisol en français québécois), c'est-à-dire la couche du sol qui depuis toujours restait gelée en permanence, commence à fondre l'été, ce qui déstabilise les infrastructures ou les constructions qui s'en servaient comme fondations. Les images des ours blancs faméliques qui se traînent lamentablement sur une banquise devenue inhospitalière ont provoqué bien des chocs émotionnels. Tout comme le spectacle désolé de milliers d'hectares de forêt dévastés par des insectes dont les larves ne succombent plus en aussi grand nombre aux rigueurs du froid hivernal.

Si j'ajoute que j'ai pu assister, grâce à l'obligeance de Nelly Olin, ministre française de l'Ecologie en exercice, aux travaux de la conférence sur le réchauffement climatique qui s'est tenue à Montréal en décembre 2005, on comprendra que mon intérêt pour les questions du développement durable s'est aiguisé tout au long de mon séjour canadien.

J'aime néanmoins rappeler que c'est mon gouvernement qui a lancé la première stratégie nationale du développement durable, qui fut mise au placard par mon successeur. Nous fîmes du bon travail, avec Corinne Lepage, mon ministre de l'Environnement, notamment la loi Laure du 30 décembre 1996 : Loi sur l'air et l'utilisation rationnelle de l'énergie, qui fit date.

Au fur et à mesure que j'approfondissais ma connaissance des questions environnementales, j'eus envie de m'engager davantage dans ce qui m'apparaissait de plus en plus comme le combat de l'avenir.

Quand Chirac me proposa de l'aider à préparer le sommet Citoyens de la Terre qu'il voulait organiser à l'Elysée en février 2007, je bondis de joie.

Pendant plusieurs mois, j'eus la chance de fréquenter les meilleurs experts du climat (Jean Jouzel), les écolos les plus emblématiques (Nicolas Hulot) ou les philosophes les plus engagés (Edgar Morin). Je fis un voyage éclair à New Delhi et à Pékin, sans compenser, je l'avoue, mon empreinte carbone ! Mais c'était pour la bonne cause : il s'agissait de convaincre nos partenaires indiens et chinois de soutenir l'initiative de Jacques Chirac. Autant les premiers m'écoutèrent poliment, sans plus, autant je sentis chez les seconds un début de prise de conscience. A Paris, le sommet réunit du beau monde, du secrétaire général des Nations unies, Ban Ki-Moon, jusqu'au président de la Commission européenne, José Manuel Barroso, en passant par l'Américain Al Gore ou la Kényane Wangari Maathai, prix Nobel de la paix. Plus de soixante pays au total, de nombreuses ONG et grandes entreprises. Chirac renouvela son appel vibrant. Je prononçai un vigoureux plaidoyer en faveur d'une réforme de la gouvernance mondiale et de la création d'une « organisation mondiale de l'environnement » qui prendrait toute sa place dans la constellation onusienne, aux côtés de l'OMC ou de l'OMS. J'assurai, dans les semaines qui suivirent, le service après-vente de l'initiative française. J'accompagnai Nelly Olin à Agadir où nous avions invité le groupe des amis de l'OME, rebaptisée, pour faire moins peur, l'ONUE (Organisation des Nations unies pour l'environnement). La nuance peut paraître subtile, mais elle en rassurait beaucoup : il s'agissait bien de rester dans le giron de l'Onu. Il y avait là de nombreux Africains, et tous les Européens qui, en principe, soutenaient notre idée. Mais du principe à la réalité, je constatai qu'il y avait de la distance. Le haut fonctionnaire qui représentait l'Allemagne passa son temps à torpiller toutes nos propositions. Nous nous séparâmes en adoptant une déclaration dont la seule décision concrète était l'engagement de... nous réunir de nouveau, au Costa Rica.

Le projet n'a pas prospéré, bien que l'Assemblée générale de l'Onu soit censée y travailler. En France, les initiatives chiraquiennes sont passées de mode. C'est dommage, car la nécessité est plus pressante que jamais.

En tout cas, j'avais renforcé ma crédibilité de militant de la Terre, et quand j'évoquai avec le candidat Sarkozy la perspective de mon entrée au gouvernement, l'idée de me confier un « grand ministère » en charge du développement durable (mais à qui promet-on un « petit ministère » ?) ne parut pas saugrenue.

Dès mon retour en France, je fus, *volens nolens*, embarqué dans la précampagne présidentielle. Isabelle ne s'était pas trompée.

D'un côté, Sarkozy piaffait et me faisait comprendre que le moment était venu, que je ne gagnerais rien à me prononcer le dernier. Il est vrai que les ralliements à sa cause se multipliaient. Seul le dernier carré des chiraquiens jouait la montre. On m'observait, car ma prise de position compterait. Sarkozy le savait. Je lui répondais que j'avais mon calendrier et que personne ne m'obligerait à le modifier.

De son côté, Chirac, que je voyais régulièrement, me conjurait d'attendre. Il me servait les mêmes arguments depuis des mois, voire des années : « Sarkozy ne tiendra pas la distance, il va se planter. Or, à droite, si je ne suis pas candidat, qui peut reprendre le flambeau ? Vous êtes le seul. Il faut donc que vous attendiez. Vous ne pouvez notamment rien dire tant que je n'ai pas annoncé ma propre décision. »

Comme toujours, j'écoutais Chirac avec attention. Une petite voix, dans ma tête, me conseillait de ne pas suivre son conseil.

Ce n'était pas la première fois.

La relation qui s'est, depuis trente-deux ans, forgée entre nous est assez exceptionnelle en politique. Si je voulais la définir en peu de mots, je dirais : confiance mutuelle. Je lui fais confiance, il me fait confiance, et cela depuis notre première rencontre. C'était dans son bureau à Matignon, en avril ou en mai 1976, je n'ai pas le souvenir du jour précis. Il était Premier ministre. J'étais jeune fonctionnaire, frais émoulu de l'Inspection générale des finances, et j'entrais à son cabinet comme conseiller technique. Cette différence originelle de statut explique que, contrairement aux usages en vigueur dans le monde politique, nous ne nous sommes jamais tutoyés.

Mon poste au cabinet n'était pas défini de manière très précise. Jérôme Monod, qui le dirigeait, me demandait de m'intéresser aux questions économiques et de lui faire notamment des propositions pour lutter contre l'inflation qui menaçait de s'aggraver. François Heilbronner, le conseiller économique du Premier ministre, me fit comprendre qu'il ne voyait pas à quoi j'allais servir. En fait, j'étais recruté comme nègre : c'est le « normalien sachant écrire » qui avait suscité de l'intérêt. Très vite, je me mis à rédiger. Je n'ai pas arrêté des années durant. L'exercice me plaisait, bien qu'il eût des aspects frustrants. Son plus grand attrait, c'était de me mettre au contact direct de celui qui allait prononcer le discours sur lequel j'avais besogné pendant des heures. Chirac retravaillait beaucoup ce qui devenait ainsi son texte. Les séances de relecture duraient des heures, le dimanche après-midi de préférence. Selon les époques, le comité de relecture comprenait Pierre Juillet, Marie-France Garaud, Jérôme Monod, puis l'incontournable Edouard Balladur. Alain-Gérard Slama ou Dominique Latournerie tenaient aussi la plume. Le discours de fondation du RPR, prononcé le 5 décembre 1976, devant une foule immense rassemblée porte de Versailles, fut notre chef-d'œuvre, pour parler comme les compagnons du tour de France.

Chirac a du flair. Il sait détecter les collaborateurs ou les équipiers qui lui seront utiles. Il a ainsi poussé la carrière d'hommes et de femmes de talent dont un certain nombre ont su lui garder reconnaissance. Chez beaucoup, l'oubli a fait, plus ou moins vite, son œuvre.

Il ne m'a pas lâché. Très vite, il m'encouragea à quitter l'univers technocratique où j'évoluais pour me lancer dans l'arène politique. J'en avais envie. Je n'opposai aucune résistance et je choisis même la difficulté en retournant, le temps d'une élection législative, sur mes terres landaises.

L'échec me ramena à Paris où se scella mon destin : j'entrai dans la garde rapprochée du maire de Paris, président du RPR. On connaît la suite.

Ai-je fait le bon choix ?

Non, à en croire Giscard. Lorsqu'en 1978, je faillis (re)bifurquer vers le monde de la finance, il me fit barrer la route au motif que j'étais chiraquien et me signifia qu'à moins de renoncer à cette funeste allégeance, je n'aurais pas le poste convoité, ni d'ailleurs aucun poste convoitable dans la République. J'envoyai poliment balader son messager.

Selon Sarkozy, Chirac m'a utilisé, et même usé jusqu'au trognon, avant de me jeter sans scrupule.

Les jaloux ne m'ont pas convaincu. Je garde ma confiance à Chirac. Je sais ce que je lui dois. En politique, presque tout. Je pense qu'à son tour, il sait ce qu'il me doit. Car je lui ai beaucoup donné. Mon temps, quelques idées, toute l'énergie que je mettais dans les causes publiques, une partie de ma réputation.

Si la tentation farfelue de dresser le bilan nous venait, il serait sans doute équilibré.

Pourquoi cette confiance réciproque ?

J'ai du mal à l'analyser.

Ce n'est pas de l'intimité. Contrairement à une idée répandue, je ne suis pas du premier cercle. Ni de celui de la famille, bien que j'aie pour Claude estime et affection. Mais jamais Chirac ne m'a fait de confidences sur les bonheurs et les malheurs de sa vie personnelle. Pudeur ? Souci de ne pas mélanger les choses ? Il faut dire que je n'ai pas vraiment cherché à savoir. Timidité partagée...

Je ne suis pas non plus du cercle des amis proches, de ceux avec qui on célèbre des fêtes et des anniversaires.

C'est la vie politique qui nous a réunis. Etant donné la place qu'elle occupe, chez lui comme chez moi, dans la vie tout court, cela suffit à créer des liens étroits.

J'ai aimé en lui l'excès d'énergie vitale. Quand j'ai commencé à travailler avec lui, j'ai découvert un tempérament qui n'est sans me rappeler celui de Sarko aujourd'hui : une hyperactivité de tous les instants, le goût de la confrontation publique, la volonté de monter sans cesse au créneau. Giscard y voyait de l'« agitation ». J'étais, quant à moi, fasciné. La façon dont il s'empara de ce qui restait du parti gaulliste pour en faire, en 1976, le RPR, la bataille pour la mairie de Paris en 1977, l'extraordinaire équipée des élections législatives de 1978, tout cela me grisa. J'avais voulu échapper à ce qui me semblait l'univers clos de la recherche universitaire ou aux couloirs feutrés de la direction du Budget. J'étais servi.

Mais Chirac, pour moi, ce n'est pas seulement le pont d'Arcole. C'est aussi la puissance de travail, l'agilité intellectuelle, et une culture qui me paraît d'autant plus immense qu'elle couvre des champs géographiques qui me sont largement inconnus : le Japon, la Chine, l'Asie centrale... Il me provoque parfois en ironisant sur la monotonie de la statuaire grecque et romaine. Athènes et Rome ! Il sait pourtant que ce sont mes amours d'adolescence et que je leur suis resté fidèle. Il lui est arrivé de tenter de m'entraîner vers ses propres horizons culturels, en me conseillant par exemple la lecture de *Loup bleu*, de Yasushi Inoué. J'ai adoré le roman de Gengis Khan, du petit Temüjin devenu le « Seigneur tout-puissant », le conquérant du monde, de Pékin à la Volga. L'épopée me faisait flipper...

J'ai toujours refusé de répondre à la question que les journalistes m'ont tant de fois posée : « Mais enfin, à vos yeux, quels sont ses plus grands défauts ? » Il me semblait inutile d'en rajouter aux méchancetés de ses détracteurs. Leur nombre augmentant avec le temps, je campais plus fermement encore sur mon refus. Je savais que, venant de moi, la critique ferait du tintamarre.

Depuis qu'il a quitté l'Elysée, le dénigrer est un exercice obligé. Haro sur Chirac, ça fait très mode. Sarkozy a donné le ton depuis longtemps. Quand il se lance, devant moi, dans une diatribe virulente contre son prédécesseur, comme tout récemment à Bordeaux, autour de la table du Chapon fin où il m'avait convié à partager son déjeuner avec Thabo Mbeki, le président sud-africain, et José Manuel Barroso, le président de la Commission européenne, je l'arrête d'un geste et d'un mot : « Pas devant moi. » Quand nous sommes en tête à tête, j'ajoute : « A quoi cela te sert-il ? Tu as voulu l'éliminer pour prendre sa place, c'est fait. Tourne la page ! »

J'ai entrepris, dans ce livre, ma catharsis. Nonobstant ce que je viens d'écrire, Chirac doit-il y passer aussi ?

La confiance n'interdit pas la lucidité. Qui n'a pas ses faiblesses ?

Chirac a, avec la vérité et la contrevérité, une relation confuse. Je l'ai entendu proférer des affirmations stupéfiantes, qui en contredisaient d'autres, récentes et tout aussi péremptoires. On lui reproche de ne pas tenir ses promesses. Sans doute parce qu'il a lui-même abusé de la formule : « Les promesses n'engagent que ceux qui les reçoivent. » Ce n'est pas vrai, enfin, pas plus vrai pour lui que pour l'honnête moyenne des hommes politiques.

Sa relation avec l'argent est irréelle. Quand on a vécu trente ou quarante ans dans des palais nationaux et municipaux, la perception des contraintes de la vie quotidienne doit s'émousser.

Sa capacité de résistance à autrui, dans le colloque singulier, est limitée. Curieusement, j'ai eu souvent le sentiment qu'il redoutait l'affrontement avec ses « amis », tout autant sinon plus qu'avec ses adversaires. Séguin, par exemple, lui faisait peur. Il n'aime pas la violence, même verbale, ni la colère, surtout quand elle n'est pas rentrée. Combien de fois lui ai-je dit : « Vous ne comprenez rien à Sarkozy ! Vous ne l'amadouerez pas à force de concessions. Tant qu'il ne sent pas de résistance, il avance vers son objectif. » Il ne m'a pas écouté. L'a-t-il seulement voulu ? Il pratique avec un art consommé la technique des « deux fers au feu ». Je ne suis pas sûr qu'au moment même où il me conseillait de me préparer, il n'encourageait pas Sarkozy à poursuivre. Il est ainsi fait, et je n'arrive pas à le lui reprocher.

A Matignon, j'ai trouvé en lui un soutien constant et sans nuance. Dès le départ, il m'avait confié : « Mon objectif, c'est de garder le même Premier ministre pendant toute la durée de mon mandat. » J'étais tenté de le croire. Il m'a donné la preuve de sa sincérité quand, en novembre 1996, je lui ai proposé de démissionner. Il a refusé. Giscard, quelques mois plus tard, me dit sans ménagement qu'il avait commis là une belle erreur. En regardant le téléfilm *L'Enfer de Matignon*, j'ai découvert tout récemment que Villepin partageait cette opinion.

Au fur et à mesure que la campagne électorale qui suivit la dissolution d'avril 1997 se gâtait, le moins qu'on puisse dire est qu'il se fit discret. Sauver le soldat Juppé ne devait quand même pas conduire au sacrifice suprême ! Avec le recul, je constate qu'il avait raison. Il valait mieux sauver l'essentiel.

« Confiance », ai-je dit. En dépit des tribulations de trente-deux ans de vie politique commune, je répète « confiance ».

Quand le temps de l'analyse suivra celui de la passion, j'ai confiance qu'hommage sera rendu à son œuvre.

J'entends souvent railler son absence totale de convictions et son opportunisme cynique.

Cette caricature s'est construite sur l'ignorance de ce qu'il est vraiment. Pragmatique, sans aucun doute. Capable de s'adapter avec souplesse aux situations les plus diverses. Mais après tout, en politique, n'est-ce pas une qualité majeure ? Ceux qui l'ont connu dans les débuts de sa carrière corrézienne rappellent les influences radicales qui, sur la terre du « petit père Queuille », le marquèrent alors.

Ce qui me frappe davantage, c'est la continuité de certains de ses engagements. A commencer par sa détestation des thèses et de la « sensibilité » de l'extrême droite. J'ai été témoin, à plusieurs reprises, des pressions qu'il a subies, de la part de nombreux parlementaires de son propre parti, pour se montrer plus accommodant avec Le Pen. Il n'a jamais cédé. Il est resté inébranlable dans son rejet du racisme, de l'antisémitisme, de la xénophobie. Et telle ou telle petite phrase maladroite prononcée en pleine campagne électorale à Paris ne change rien à l'affaire. Sa constance lui a d'ailleurs coûté politiquement cher. Car Le Pen lui a rendu la monnaie de la pièce en le combattant farouchement, et même haineusement.

La communauté juive de France n'a pas oublié le discours qu'il a prononcé le 16 juillet 1995, lors du 53e anniversaire de la grande rafle du Vél' d'Hiv' : « Oui, la folie criminelle de l'occupant a été secondée par des Français, par l'Etat français [...] La France, patrie des Lumières et des Droits de l'homme, terre d'accueil et d'asile, la France, ce jour-là, accomplissait l'irréparable. »

Personne, avant lui, n'avait prononcé ces paroles.

Continuité aussi dans l'engagement européen. On m'opposera peut-être certaines de ses prises de position des années 1970-1980, période où les gardiens de la vulgate gaulliste, à commencer par Michel Debré, faisaient preuve d'une extrême vigilance. On connaît mon point de vue sur la question : il y a toujours eu chez les gaullistes un courant souverainiste et un courant européen. Chez les gaullistes, et dans la pensée et l'action du général de Gaulle lui-même qui dénonce le « volapük » bruxellois, mais fait entrer, en 1958, la France dans le Marché commun, alors que beaucoup lui conseillent de temporiser. Depuis 1986, en tout cas, et la ratification de l'Acte unique qu'en tant que Premier ministre il imposa à ses troupes parlementaires, je trouve chez Chirac une grande constance européenne : en 1992, en militant avec Balladur, moi-même et quelques autres pour la ratification du traité de Maastricht, il assure le succès d'un référendum incertain; en 1998, avec Tony Blair, il fait franchir à la politique de défense et de sécurité commune un pas décisif; il soutient sans faillir l'action que mène mon gouvernement pour qualifier la France à l'euro; il s'engage à fond pour le projet de réforme des institutions européennes qu'il est, avec Joschka Fischer, l'un des tout premiers à baptiser « constitution ». L'échec du référendum de 2005 est certes son échec. C'est aussi le nôtre, celui de tous ceux qui continuent à partager l'idéal européen.

Quant à son prétendu immobilisme, le reproche me fait sourire. J'ai le souvenir des grands changements que nous avons menés à bien ensemble. Jean-Pierre Raffarin et Dominique de Villepin pourraient porter le même témoignage.

Dénoncer l'incurie de ses prédécesseurs pour mieux faire ressortir l'audace de ses propres ruptures est un exercice obligé dans la conquête du pouvoir. Il ne faut pas s'en offusquer.

Sur la scène internationale, en de nombreuses circonstances, il a su voir juste et tenir le cap. Il fallait du courage pour dire aux Américains qu'ils faisaient fausse route en Irak, et exprimer tout haut ce que la plupart des gouvernants et des observateurs pensaient tout bas. J'ai été heureux et fier de prononcer, le 26 février 2003, à la tribune de l'Assemblée nationale, au nom du groupe de l'UMP, le discours qui soutenait son engagement en affirmant notamment : « Je le dis avec force à nos amis américains : la grande majorité du peuple français ignore le sentiment d'antiaméricanisme. Mais pourquoi faudrait-il que l'amitié et l'alliance – celles d'hier, d'aujourd'hui et de demain – nous interdisent la franchise ? »

C'est l'épaisseur humaine du personnage qui m'aura le plus impressionné. Son attention aux autres, aux plus modestes, loin des micros et des caméras. L'esprit de modération qu'on lui reproche aujourd'hui et qui n'est pas de la pusillanimité mais plutôt le respect des êtres et des choses, de la complexité du monde qui souffre tant de brutalité. La capacité de se mobiliser pour des causes nouvelles : la lutte contre le sida dans cette Afrique qu'il aime si charnellement, ou la croisade pour sauver la maison Terre qui est en train de brûler.

Au total, on comprendra que j'ai de l'estime et de l'affection pour Jacques Chirac. Que je reste fier d'avoir été et d'être son ami.

En octobre 2006, je me dis que le moment de prendre position allait venir et je décidai d'annoncer d'abord la couleur au Président lui-même.

Il aimait m'interroger, de temps en temps, sur la façon dont je voyais la conjoncture politique. Il m'écoutait attentivement, puis me donnait en retour sa propre vision des choses. Lors d'une de nos conversations autour d'un gin tonic, j'attaquai sans ménagement la question de sa propre candidature et lui dis tout de go : « Je ne crois pas que ce serait une bonne idée. » Il ne broncha pas. Je poursuivis : « Dans ces conditions, la seule chance de victoire pour notre camp, c'est Sarko qui la détient. Je ne suis pas en mesure de me présenter car ma condamnation récente m'entravera comme un boulet au pied. Et je ne vois personne d'autre qui puisse relever le défi. Ni Raffarin ni Villepin, tous deux affaiblis par leur passage à Matignon. Dans la génération des quinquas et des sexas, il n'y a personne d'autre. Et les plus jeunes ne sont pas mûrs. Nous avons (sous-entendu : vous avez) laissé Sarko se rendre incontournable. Il faut maintenant assumer, que cela nous plaise ou non. »

Je sentais que, au fond de lui-même, il partageait mon point de vue. Mais il ne voulait pas encore l'admettre, du moins devant moi, et continuait à me conseiller de jouer la montre.

Je revins à la charge plusieurs fois.

Sarko n'avait pas encore déclaré officiellement sa candidature, mais c'était un secret de Polichinelle. Il y pensait, confiait-il à la presse, tous les matins en se rasant. Il faisait campagne à sa manière, c'est-à-dire sans répit, dans ses habits de ministre de l'Intérieur ou de président de l'UMP, selon les moments. Le risque de confusion des genres ne le gênait nullement.

Quand j'avais balayé, devant Chirac, le champ des candidatures possibles, j'avais oublié Michèle

Alliot-Marie. Son élection, quelques années plus tôt, à la présidence du RPR, puis sa réussite au ministère de la Défense avaient instillé dans sa tête l'idée qu'elle avait un destin. Son compagnon, Patrick Ollier, ne l'en dissuadait pas et animait son fan-club, constitué d'un groupe de parlementaires gaullistes qui ne s'étaient jamais vraiment convertis à l'UMP. Elle entra bravement en lice, soutenue en sous-main par tous ceux qui ne se résignaient pas à la candidature obligée de Sarko. Pour ma part, j'étais sûr, d'entrée de jeu, qu'elle ne ferait pas le poids. J'en eus la confirmation à Bordeaux, en décembre, lors d'un grand show organisé au palais des Congrès entre les candidats à la candidature. Jean-Pierre Raffarin tenait le rôle du modérateur, dans ce qui était officiellement présenté comme un forum d'échanges et d'idées. J'avais accepté de prononcer, en tant que maire de la ville hôtesse, quelques mots d'accueil. M'adressant aux Français, je lançai quelques-uns des messages qui me tenaient à cœur : « N'ayez pas peur de la mondialisation ! Ayez confiance dans la France ! Soyez des militants de la Terre ! Acceptez la diversité de la France et respectez-vous les uns les autres ! Ne renoncez pas au rêve européen ! » La presse, naturellement, m'attendait sur un autre terrain. Je restai prudent : j'invitai l'UMP « à tout faire pour que, le plus tôt possible, nous nous rassemblions de bon cœur et de tout cœur autour de notre candidat, celui qui fera gagner la France ». Ma présence et mon discours furent néanmoins interprétés comme un premier pas sur le chemin du ralliement à Sarko.

Je laissai passer les fêtes de fin d'année et je prévins l'intéressé que je ferais une déclaration début janvier, peu de temps avant le congrès de l'UMP qui allait le sacrer candidat.

Le 9 janvier, je mis en ligne sur mon « blog notes » un petit texte que j'intitulais : « Pourquoi je soutiens Nicolas Sarkozy. »

« Vous êtes nombreux à me dire, commençais-je, il faut vous présenter à la prochaine élection présidentielle. »

Je poursuivais : « Les circonstances ne me permettent pas d'entrer dans la course. Ecarté, par ma faute, des premiers rôles de la scène politique nationale depuis plusieurs années, je ne me sens pas en situation de me lancer dans la compétition avec quelque chance de victoire. Et à quoi servirait une campagne de témoignage, sinon à jeter le trouble dans notre propre famille politique ? »

Ces phrases m'ont coûté. Elles scellaient pour longtemps mon destin politique. Aurais-je dû céder à l'« amicale pression de mes proches » et partir au combat ? On me disait que les campagnes réservent toujours des surprises, que les sondages peuvent s'inverser, etc.

Le débat n'a plus beaucoup d'intérêt, même à mes yeux.

Je n'ai pas eu assez envie. Et, en politique comme en amour, c'est le désir qui fait tout.

« Par ma faute... » Quand j'avoue que ces phrases m'ont coûté, c'est à ces trois petits mots que je pense. J'ai montré mon texte à Isabelle, qui a tout de suite réagi : « Es-tu sûr que tu veux écrire cela ? »

J'ai persévéré. Par goût du panache ? Par bravade ? Trop d'humilité révèle parfois beaucoup d'orgueil. Etait-ce pour moi, rétrospectivement et un peu tardivement, une façon de répondre au reproche que m'avait fait la cour d'appel de Versailles ? Je laisse mon lecteur... juge.

Après avoir rappelé, dans le même blog, « un certain nombre d'idées auxquelles je crois », je concluais :

« Je connais bien Nicolas Sarkozy depuis longtemps, je connais ses forces et ses faiblesses comme il connaît les miennes. »

Ultime précaution :

« Si Jacques Chirac choisissait d'être candidat, une situation nouvelle serait alors créée, qu'il appartiendrait à chacun d'analyser. »

En vérité, je n'y croyais plus un seul instant.

Et donc : « Pour l'heure, l'UMP va se prononcer. Pour ma part, j'ai décidé d'apporter mon soutien à Nicolas Sarkozy. »

Isabelle me reproche souvent de ne pas savoir dire merci. Ce travers ne guette pas Sarko. Dans la minute, je reçus un coup de téléphone chaleureux.

Parler devant les dizaines de milliers de militants de l'UMP réunis en congrès à Paris le 14 janvier me fit du bien.

Je confirmai mon soutien « loyal et actif » à notre candidat dont je saluai le « formidable dynamisme ». Et j'affirmai « ma fidélité personnelle à Jacques Chirac, et ma reconnaissance de citoyen pour tout ce qu'il a fait pour notre pays depuis douze ans ». J'eus mon ovation et j'en fus heureux.

Je participai à ma manière à la campagne, sans traîner les pieds mais sans me laisser enrégimenter. Les meetings étaient grandioses. Les après-meetings me laissaient un goût bizarre. Je sentais bien que je n'étais pas de la garde rapprochée, ni tout à fait de la famille. Je faisais acte de présence au PC de campagne où je voyais Fillon s'affairer. Dès nos premiers entretiens sur l'« après », Sarko m'avait laissé entendre qu'il en ferait son Premier ministre : « Il a plein de qualités, me disait-il, et notamment une que nous n'avons ni toi ni moi : il n'est pas dominant. »

Chirac finit par déclarer, début mars, qu'il ne serait pas candidat, et, du bout des lèvres, apporta son soutien à Sarko. Je sentais qu'il m'en voulait un peu de n'avoir pas attendu qu'il laisse la voie libre Plus tard, il m'en fit amicalement le reproche . « Vous vous êtes prononcé trop tôt. » Je continue à penser que mon calendrier était le bon.

Je regardai tranquillement, avec quelques proches, le face-à-face télévisé des deux champions restés en lice après le premier tour. Contrairement à beaucoup d'amis, je trouvai que Sarko avait pris l'avantage dès le début de l'émission. Plus précis, plus construit. Et surtout maître de lui. Comme tous ses conseillers, j'imagine, je lui avais fait une seule recommandation : « Ne t'énerve pas. Tout le jeu de Ségolène Royal va consister à essayer de t'énerver. Elle est assez bonne dans le genre. J'en ai fait personnellement l'expérience. » Il conserva son sang-froid jusqu'au bout.

Les discussions sur la composition du futur gouvernement s'intensifiaient. J'étais prêt à en être, bien qu'Isabelle restât circonspecte. Elle s'interrogeait surtout et m'interrogeait sur le portefeuille qui allait m'échoir. Elle était soucieuse de savoir où je pourrais être utile... et heureux! J'écartai d'emblée Bercy, non pas que le poste me parût manquer d'intérêt, mais j'avais un peu moins d'appétit que naguère pour l'impopularité. Or, la gestion des finances publiques n'allait pas être une partie de plaisir. Sarko comme Fillon évoquèrent à plusieurs reprises les Affaires étrangères. Ils savaient combien j'avais été heureux au Quai d'Orsay et combien ma passion pour cette maison, les fonctionnaires qui la peuplent et les questions qui s'y traitent était intacte. Mais le doute se glissa dans nos esprits, celui d'Isabelle et le mien : Sarko allait-il me laisser le moindre intervalle de respiration, n'allait-il pas, par fonction et par tempérament, occuper tout l'espace ? Rétrospectivement, en cette fin d'année 2008, je me dis que notre pressentiment était juste. J'admire l'abnégation de Bernard Kouchner.

Peu à peu germa donc l'idée du développement durable. Le futur président savait que je me sentais et me voulais militant de ce combat. Bien qu'il n'en ait pas fait l'un des thèmes majeurs de sa campagne, il en mesurait l'importance cruciale, en soi et dans l'opinion. Avoir à ce poste un ministre convaincu et décidé à faire bouger les choses, sans empiéter sur son domaine réservé (on pensait encore à l'époque, nous pensions et peut-être pensait-il, que tout n'entrerait pas dans le domaine réservé), était de nature à le séduire. Spontanément, il me proposa le titre de ministre d'Etat et la deuxième place au gouvernement, juste derrière le Premier ministre. Je protestai que le plus important pour moi, c'était le champ d'action du futur ministère et les moyens dont il disposerait. Il est vrai que je n'ai jamais compris l'extase vaniteuse que procure à certains le titre de ministre d'Etat, qui ne donne aucune prérogative ni pouvoir réel. Mais enfin, numéro 2 du gouvernement... mon ego y trouvait quelque apaisement.

Les fins de campagne semblent toujours s'éterniser.

Puis tout se déclenche brutalement.

Après avoir salué avec enthousiasme la victoire de notre candidat, je me retrouvai installé boulevard Saint-Germain au siège du nouveau ministère de l'Ecologie, du Développement durable et de l'Aménagement du territoire.

Je m'étais construit, avec l'accord du Président, un petit empire : l'écologie bien sûr, mais aussi l'équipement et donc les transports, l'aménagement du territoire, l'énergie... Car je voulais une administration qui tienne la route. Dans les arbitrages finaux qui accompagnent la rédaction des décrets d'attributions ministérielles, le Premier ministre me donna raison contre les résistances de la technostructure qui n'aime pas le changement, et les ambitions des ministres qui ne veulent rien céder de leurs prérogatives. Seul le logement m'échappa. Mais il ne fallait pas avoir les yeux plus gros que le ventre ! Raffarin souhaitait que je prenne à mes côtés son fidèle Bussereau, ce qui me convenait tout à fait car j'appréciais l'homme, travailleur et équilibré. Je voulais un deuxième secrétaire d'Etat pour m'aider dans ma tâche. Nathalie Kosciusko-Morizet s'était mise sur les rangs. Elle avait le profil idéal : femme, jeune, volontaire, très engagée dans l'écologie. Je ne sais pourquoi, j'hésitais. On me mettait en garde contre son mauvais caractère. Sans me l'avouer, je lui reprochais d'être allée tirer les sonnettes de l'Elysée et de Matignon, avant d'être venue me faire la cour. Isabelle s'indignait de ma petitesse d'esprit. Mais Fillon renforçait mes craintes. Je penchais pour Catherine Colonna dont j'avais découvert, quinze ans plus tôt, au Quai d'Orsay, la puissance de travail et la force de caractère. Ou pour Laurent Wauquiez qui incarnait bien, à mes yeux, par son pragmatisme, la nouvelle génération politique, le brio intellectuel en plus. Finalement, seul Bussereau, dans l'instant, fut nommé. Nathalie ne rejoignit l'équipe qu'au lendemain des élections municipales, et, depuis lors, y a fait ses preuves. Jusqu'à son récent départ vers d'autres horizons gouvernementaux.

J'apportai le plus grand soin à la composition de mon cabinet. Je demandai à Christian Frémont d'en assurer la direction. Nous nous connaissions depuis notre scolarité à l'Ena où nous appartenions à la même promotion, Charles-de-Gaulle. Je l'avais retrouvé à Bordeaux où il avait été nommé quelques années auparavant préfet de la région Aquitaine. J'avais été impressionné par sa puissance de travail, sa capacité à faire avancer les affaires, son courage politique. A ses côtés, j'appelai Edouard Philippe, dont j'avais apprécié, à l'UMP, l'intelligence brillante, le non-conformisme et le charisme. Les deux hommes étaient assez intelligents et dévoués au bien public pour ne pas entrer en compétition. Ils formèrent un tandem efficace et surent s'entourer d'une petite équipe immédiatement opérationnelle et performante.

Avec un rien de coquetterie, je répète que j'aurai été le moins durable des ministres du Développement durable. Mais en un mois tout rond, bien du chemin fut parcouru. Je mobilisai mes services qu'il fallait persuader de travailler ensemble alors que rien ne les y prédisposait : ni leur éparpillement géographique, ni leur histoire administrative, ni leur appartenance à des corps peu enclins à se mélanger. Je reçus les chefs, je réunis les troupes parisiennes, je parvins à créer un climat d'attente favorable. Ils sentaient qu'il allait se passer des choses et ils avaient envie de participer à l'aventure. Le Président ne me laissait aucun répit : il me chargea d'organiser à l'Elysée, dès le 21 mai, une première réunion préparatoire au « Grenelle de l'environnement » qu'il avait annoncé pendant sa campagne. Les responsables des ONG les plus représentatives et des experts scientifiques étaient autour de la table, de Nicolas Hulot à Allain Bougrain-Dubourg en passant par Yann Arthus-Bertrand ou Jean Jouzel. La réunion se poursuivit par un sympathique déjeuner dans la salle à manger du Medad. Je n'ai pas le souvenir que quiconque ait, en entrée, refusé le foie gras. Les écolos les plus intégristes firent cette concession au Landais que je suis. Plus sérieusement, nous jetâmes les bases du Grenelle dont je confiai l'organisation à Christian Frémont et à Edouard Philippe. Trois semaines plus tard, les grandes lignes étaient tracées, les groupes de travail dénommés, les animateurs pressentis, les premiers rendez-vous pris, notamment à l'Elysée aux environs du 14 juillet... Le coup d'envoi était donné.

Les élections législatives passèrent là-dessus. C'est de moi-même que j'avais annoncé qu'en cas d'échec, je quitterais le gouvernement. Question d'éthique démocratique. Ce n'est que quelques jours plus tard que François Fillon en fit une règle non écrite. Je crois avoir été le seul à la respecter, ou plus exactement à tenir mes engagements.

Le 19 juin, je passai donc mes pouvoirs à mon successeur, Jean-Louis Borloo, qui, depuis, s'est bien acquitté de la tâche.

L'émotion chaleureuse que mon cabinet et les services du Medad surent faire naître à l'occasion de la petite cérémonie d'adieu atténua ma peine.

Il me restait Bordeaux, c'est-à-dire presque tout. Isabelle et les enfants m'y attendaient. Je ne connais pas de chagrin que l'amour n'efface.

Une petite virée au Canada, pour les vacances, histoire d'embrasser les amis et de récupérer Clara à la sortie de son « Summer Camp » ontarien, et déjà se profilait à l'horizon la prochaine campagne électorale : celle des élections municipales du printemps 2008.

Quand on reproche aux hommes politiques de ne pas assez rendre compte, je souris (jaune ?) intérieurement : existe-t-il métier où l'on joue aussi souvent à quitte ou double ? Depuis mon retour du Québec, fin août 2006, je me suis présenté trois fois aux suffrages de mes électeurs ! Trois fois en deux ans !

J'ai déjà parlé des législatives de juin 2007.

Il y eut aussi les municipales d'octobre 2006, et celles de mars 2008.

Un point commun entre ces deux scrutins : je fus réélu chaque fois dès le premier tour avec un score de 56 %, voire un peu plus.

Pourtant, les circonstances étaient bien différentes.

En septembre-octobre 2006, je créai la surprise. Chez mes amis, mais surtout chez mes adversaires. Le conseil municipal en exercice démissionna, en effet, pour me permettre de me faire réélire avant la fin du mandat. Officiellement, il en prit spontanément l'initiative. Je tenais beaucoup à cette présentation des choses. Si je veux être tout à fait sincère, j'avais un peu poussé... Le Parti socialiste n'avait pas vu venir le coup et n'avait pas préparé de champion. Son candidat, homme respectable, fut à court d'arguments : il me reprocha bien sûr de bousculer les échéances... et dénonça le coût, pour le contribuable, d'une élection anticipée. Je démontrai que, en réalité, les économies compensaient les dépenses; la bataille de chiffres laissa les Bordelais indifférents. Seuls les jeunes socialistes firent preuve d'un peu d'humour en promenant dans les rues de la ville une peluche géante de caribou, baptisée Alain, à laquelle ils indiquaient la direction du Canada. Je fis une campagne éclair. Je sentais bien le terrain. L'accueil était partout chaleureux : « On est contents de vous revoir », me disaient les gens dans la rue. J'avais repris toute l'équipe sortante; il s'agissait en quelque sorte d'achever le mandat que j'avais commencé en 2001.

Malgré un taux d'abstention élevé, encore que la participation fût très honorable pour une élection partielle, je reçus avec bonheur le message de confiance des Bordelais.

En 2008, ce fut une autre paire de manches !

Cette fois-ci, l'adversaire socialiste, fort de son succès aux élections législatives de juin 2007, y croyait. Il fourbissait ses armes et bichonnait son champion : Alain Rousset, député de la Gironde, président du conseil régional d'Aquitaine, ancien maire de Pessac, ancien président de la communauté urbaine de Bordeaux, bref un notable de poids.

Sans le crier sur les toits, je me mis en fait en campagne dès l'automne 2007. J'avais compris que je ne devais pas tout miser sur mon bilan, si brillant fût-il, mais que je devais aussi incarner le changement.

Changement d'équipe : ce fut l'exercice le plus cruel auquel je dus me livrer. Je voulais une majorité de « nouveaux »... et de « nouvelles » puisque la parité, heureusement, s'appliquait. Il me fallut donc « remercier » une majorité de sortants. Rares furent ceux qui le comprirent et acceptèrent ma décision de bon cœur. Mais rares aussi ceux qui transformèrent leur amertume, bien compréhensible, en opposition déclarée. L'autre versant de l'exercice, la recherche des « nouveaux », était, lui, très excitant. Je reçus beaucoup, essuyai peu de refus, et, là encore, eus des choix à opérer, c'est le mot qui convient.

L'opération fut d'autant plus délicate que j'avais décidé de faire alliance avec le Modem de Bayrou et que je devais lui réserver un contingent de places sur la liste.

Pourquoi cette alliance? me demandait-on à Paris, alors que quasiment partout ailleurs le Modem s'attaquait aux candidats UMP. Et réciproquement, par exemple à Pau. Je tins à garder ma liberté d'appréciation. J'avais des relations personnelles amicales avec Bayrou. Au cours d'un déjeuner discret à Paris, il m'expliqua sa tactique : pour bien affirmer son indépendance, il s'allierait, selon les villes, avec la droite ou avec la gauche. A Bordeaux, il me soutiendrait.

Sur place, je ne voyais pas pourquoi, sous prétexte qu'ils portaient la couleur orange du Modem, j'allais entrer en compétition avec des hommes et des femmes qui travaillaient avec moi depuis plus de dix ans. La division m'avait été fatale un an plus tôt. Certes, les sondages m'indiquaient que je pouvais gagner, et confortablement, en me passant de leur soutien. Mais sur l'ensemble de la communauté urbaine, la stratégie d'union paraissait plus payante. Je tins bon, face à la direction parisienne de l'UMP qui, en vérité, n'exerça pas de réelle pression sur moi, mais surtout face aux intégristes du Modem qui n'hésitaient pas à brandir la menace d'un accord avec Rousset.

J'ouvris ma permanence, en plein cœur de ville, début janvier. J'annonçai en même temps une nouvelle gouvernance : fini la litanie des notables rangés par ordre hiérarchique, premier adjoint, deuxième adjoint, troisième adjoint... A la place, une équipe resserrée, travaillant, sur pied d'égalité, en direct avec le maire ; un renforcement drastique de la présence dans les quartiers, avec des maires adjoints de quartier, des mairies de quartier, des budgets de quartier, des Internets de quartier... Et, bien sûr, à l'hôtel de ville, un maire à plein temps. Cette première annonce fit un bon effet. J'avais pris un temps d'avance. J'allais le conserver tout au long de la campagne. La présentation de ma liste impressionna favorablement ; j'avais gagné la bataille du renouvellement et j'avais fait mon ouverture, vers le centre gauche et les Verts.

Puis, pendant huit semaines, au cours de forums très participatifs et très fréquentés, je discutai, avec les Bordelais, chapitre par chapitre, des grands axes de mon projet.

Pendant ce temps-là, Rousset ramait. Il peinait à constituer son équipe et à organiser sa campagne. Le journal *Sud-Ouest* et France 3 avaient demandé aux deux candidats de les autoriser à assister à tous les événements de campagne, y compris les réunions internes. Nous jouâmes parfaitement le jeu. Les journalistes aussi. Mais ce qui nous revenait malgré tout de la situation dans le camp adverse nous réconfortait : ils pédalaient dans la choucroute. Ils se firent fort, en février, de rendre publique une idée par jour; mes internautes, très actifs sur la toile, la transformèrent en « plat du jour », et très vite en « plagiat du jour ». Ils mirent les rieurs de leur côté.

Le film que France 3 tira de nos campagnes croisées et diffusa plusieurs semaines après l'élection met bien en évidence la différence : cohésion et mouvement d'un côté, flottements et retard à l'allumage de l'autre.

Ce qui fit la décision, ce fut sans doute l'incapacité de Rousset à trouver le bon angle d'attaque. Il pouvait difficilement me prendre sur le terrain national car je mettais un soin jaloux à me cantonner au local. La venue de Ségolène Royal ou de Bertrand Delanoë en ville ne lui fut pas d'un grand secours. Pas plus que les petites méchancetés distillées par Jospin dans la presse locale. Je me gardai bien d'inviter qui que ce soit. Le Président vint à Bordeaux mais resta dans le périmètre de l'hôtel de police. Rousset tenta de convaincre les Bordelais que leur ville, la « belle endormie », était retombée dans le coma. Ils ne le crurent pas. Finalement, j'ai gagné aussi sur mon bilan : les électeurs constataient la métamorphose de Bordeaux et la mettaient largement à mon crédit.

Lors du débat télévisé sur TV7 qui fut le point d'orgue de la campagne, la flèche du Parthe fut tirée par Jean-Pierre Elkabbach qui demanda à mon adversaire : « Alain Juppé est-il un bon maire? » S'il répondait non, il n'était pas cru; s'il répondait oui, il était cuit. J'étais très content de ma petite formule que, a posteriori, je répandis largement en ville...

Bien que les sondages successifs me fussent très favorables, j'ai beaucoup mouillé ma chemise. Je crois n'avoir jamais fait une campagne aussi intense, de 8 heures du matin à minuit, six jours par semaine. Et presque autant le dimanche.

Campagne efficace, animée par Gilles Boyer qui avait provisoirement abandonné la direction de mon cabinet à la mairie. Dans la tâche – ô combien délicate! – de directeur de campagne, il fit merveille; sa présence de tous les instants, son autorité discrète, son habileté politique me furent d'une aide décisive.

Campagne joyeuse surtout, dans les rues, en réunion, dans les appartements et les maisons, sur le net, au téléphone... Nous étions partout dans la bonne humeur, heureux comme poissons dans l'eau au milieu des Bordelais qui venaient vers nous avec gentillesse, curiosité et bien souvent enthousiasme.

Isabelle a été formidable. L'un des plus beaux moments de cette campagne se produisit à son initiative, à l'espace Saint-Rémi, où elle avait réuni sur la scène une dizaine de femmes qui témoignaient de leurs expériences personnelles et professionnelles. Femmes de tous âges, de tous métiers, de toutes conditions, de toutes sensibilités politiques. Ce fut super. Ce qui plut par-dessus tout à Isabelle, c'est que j'écoutai plus que je ne parlai.

J'étais joyeux, j'étais infatigable, porté par cette sorte de grâce physique dont on jouit souvent quand on se donne à fond.

Mais j'étais aussi stressé. Je m'interdisais de croire aux sondages. Je redoutais quotidiennement le mauvais coup qui pouvait inverser la tendance. Le contexte national, qui n'était pas favorable à la majorité, m'inquiétait. Je savais que je jouais mon va-tout et que, cette fois, je ne me remettrais pas d'un échec.

Le dimanche 7 mars, après la traditionnelle tournée des bureaux de vote durant laquelle le candidat, réduit au silence, s'échine à lire sur le visage des électeurs, je me retrouvai dans le même bureau, devant les mêmes écrans d'ordinateurs, entouré des mêmes amis... que le 17 juin 2007. Je vécus la même demi-heure terrible, de 20 heures à 20 h 30, où les premiers chiffres s'affichent. Les fourchettes ne veulent encore rien dire. Puis, peu à peu, les écarts de prévision se resserrent, les tendances s'affirment... le visage de la victoire se dessine. Quelle onde de chaleur à travers mon corps ! Quel cri sorti de ma poitrine dans le grand salon bondé où s'affichent mes 56,62 % : « Ce soir, ce n'est que du bonheur ! »

Bonheur ! Ce mot n'était pas arrivé par hasard sur mes lèvres.

Ce qui comptait le plus, pour moi, dans le résultat, ce n'étaient pas les chiffres. C'était le message que m'envoyaient les Bordelais : « On aime ce que vous avez fait de notre ville. On tient à vous garder. » C'est du moins ainsi que je l'interprétais. La dimension affective était, à mes yeux, essentielle. Tout au long de ces treize années, un lien solide s'était donc tissé entre les Bordelais et moi. J'aimais ma ville, ma ville m'aimait. On ne fait pas de bonne politique sans amour.

# 6

# Révolutions

Mercredi 24 septembre 2008 : je déjeune au *Nouvel Obs*, à l'invitation du club des Observateurs qui regroupe, autour de Denis Olivennes, une bonne partie de la rédaction du magazine et une vingtaine de personnalités de divers milieux (banque, industrie, médias...). Je réponds aux questions sur les crises internationales, sur l'état de l'Europe, sur la situation économique, sociale, politique de la France. Je rode tranquillement l'intervention que je dois faire ce soir même, au Perreux, la ville de Gilles Carrez qui organise, dans sa mairie, une réunion publique dont je suis l'hôte d'honneur. Pour moi, ce sera la première depuis bien longtemps (Bordeaux excepté, bien sûr !).

Le déjeuner s'achève. Jacques Julliard prend la parole, d'un ton solennel : « Monsieur le Premier ministre, vous nous avez décrit les difficultés qui attendent la France au cours des mois et des années qui viennent. Avez-vous conscience qu'en cas de coup dur, vous pourriez être le recours ? »

La question me désarçonne. Non qu'on ne me l'ait déjà posée. Mais pas devant un tel auditoire qui, malgré l'assurance que tous les propos échangés resteront *off*, est à l'évidence une caisse de résonance puissante.

Je marque une pause. Et je me lâche : « La présidence ? Oui, j'en ai rêvé. Je m'y suis préparé, tout au long de ma vie politique. Mais voilà, j'ai vécu une épreuve qui m'a coupé les pattes. Alors, j'ai changé mes plans. C'est la vie. »

Et j'ajoute : « Dois-je encore y penser ? Je ne sais pas. La vie, là encore, le dira. »

Denis Olivennes a perçu mon émotion. Un des participants s'approche de moi, au moment où je quitte la salle à manger : « Une épreuve ? Vous vouliez parler de votre départ prématuré du Medad ? » L'oubli a du bon...

20 h 30, le même jour, mairie du Perreux. Gilles Carrez, le député-maire, et son voisin Michel Herbillon m'accueillent très amicalement sur le perron de l'hôtel de ville, vaste bâtisse imposante de la fin du XIX^e siècle. Il y a foule. La grande salle des fêtes est bondée. Quatre cents ou cinq cents personnes ? Peut-être plus. Gilles me confie que l'annonce de ma venue a suscité de l'engouement. Cela me donne confiance.

J'avertis d'emblée : « Ce que j'ai à vous dire n'est pas folichon ! Je vais vous parler de ce qui se passe dans le monde et en Europe autour de nous, et dont les conséquences seront forcément rudes pour nous aussi, Français. »

Mon discours dure trois bons quarts d'heure. La salle est attentive.

Puis, vient le temps des questions. Le dialogue est intéressant, chaleureux. Je me sens bien. Je reconnais les visages de nombreux militants qui ferraillent depuis des années dans ce département qui présente l'originalité d'être le dernier de France sous présidence communiste. Pour quitter la salle, je traverse la petite foule qui se disperse. A plusieurs reprises, on me dit dans le creux de l'oreille : « Il faut que vous soyez notre prochain président ! » Dans le creux de l'oreille seulement.

Mercredi 5 novembre 2008. Canal+, LCI, Europe 1 m'ont invité à commenter sur leurs écrans ou leurs antennes les résultats de l'élection présidentielle américaine. Fabius, avec qui j'alterne, a raison de dire que nous sommes tous saisis d'émotion. Nous avons conscience de vivre un moment d'histoire, non seulement pour l'Amérique mais, plus largement, pour l'Europe et le monde.

C'est d'abord la victoire d'un homme. D'une présence, d'une voix, de tout ce qui fait le charisme, cette lumière qui émane de certains êtres humains, si difficile à définir, mais perceptible même à des milliers de kilomètres de distance.

Un homme complètement en accord avec son temps, jeune, moderne, du XXIe siècle, numérique en somme. La manière dont il maîtrise tous les outils de la communication politique m'impressionne : des plus traditionnels, les grands meetings populaires où il excelle, la bonne vieille recette du porte-à-porte qui ne passe pas de mode et qui permet le dialogue singulier, les face-à-face télévisés qu'il a presque tous gagnés... jusqu'aux plus actuels, Internet bien sûr, son blog dont Isabelle est accro, ses *newsletters*, ses sites de campagne grâce auxquels il reste connecté quasiment en permanence avec ses concitoyens, avec les citoyens du monde. Ce réseau lui a aussi permis de lever des fonds considérables, en additionnant une multitude de petites contributions. On a pu le présenter comme le candidat du texto, face à celui du stylo, son adversaire John McCain, au demeurant homme courageux et respectable.

Mais si nous ressentons de l'émotion, c'est qu'il y a plus. C'est aussi de la fascination pour cette Amérique qui nous inspire, selon les périodes, répulsion ou admiration.

Nos vieilles catégories droite/gauche perdent ici leur sens. Certes, le néoconservatisme de la droite dure américaine nous a choqués : son arrogance, notamment vis-à-vis de la « vieille Europe », son autisme, hélas ! dans l'affaire irakienne, sa vision manichéenne du monde divisé en deux camps, le Bien et le Mal, toute cette quincaillerie idéologique a beaucoup nui à l'image de l'Amérique dans le monde. Et en Amérique même, au point que McCain lui-même a senti la nécessité de se démarquer de l'Administration Bush. Je l'ai entendu affirmer quasi solennellement au cours d'un débat télévisé : « *I am not George Bush !* » Il y a eu, dans la réaction du peuple américain au discours de Barack Obama, l'envie d'être à nouveau aimé à travers la planète entière. D'où le succès extraordinaire de son slogan : « *Change.* »

Rejet français, donc, de ce que nous savions des thèses néoconservatrices, mais aussi, chez beaucoup, adhésion au contenu même du changement proposé. Aux yeux de nombreux Français, le parti démocrate et son champion ont sans aucun doute une connotation positive de « gauche ». Incapables de nous défaire de notre vieux préjugé selon lequel la « gauche » est plus sociale que la « droite », nous sommes tentés de classer à « gauche » le programme « social » du candidat démocrate, son attention particulière aux classes moyennes, sa volonté de doter tous les Américains, y compris les plus pauvres, d'une couverture contre la maladie, la priorité qu'il entend donner à l'éducation..

Pourtant, je persiste à penser que nos clivages européens ne sont guère pertinents pour analyser le bouleversement qui vient de se produire. Comme le disait joliment ce matin Hubert Védrine, ôtons-nous de l'esprit qu'Obama est un « Européen de gauche ». C'est d'abord et avant tout un Américain pragmatique. Et c'est cela qui nous fascine. En observant les réactions françaises à la crise financière, j'ai mis en garde contre les exagérations précipitées. On prédisait, par exemple, l'accélération du déclin économique de l'Amérique, l'effondrement de son système de valeurs, son effacement politique. Elle nous apporte aujourd'hui la démonstration de sa fantastique capacité de rebond. « *Yes, we can!* », scandaient les foules pro-Obama, qui renouaient avec la vision de Martin Luther King : « *I have a dream* ». Le rêve américain n'est pas mort, nous dit le peuple américain. « Nous sommes capables de surmonter nos vieux démons, le racisme, les discriminations, et d'assumer ce qui fait notre force, c'est-à-dire notre diversité. A preuve : nous portons à la Maison-Blanche, pour la première fois de notre histoire, un Afro Américain. » Les puristes font remarquer qu'Obama n'est pas un vrai produit de la communauté noire américaine, mais un métis. Voire. Il incarne la diversité américaine, et quand il apparaît à la télévision, c'est bien un visage noir que l'on voit. Peu importe la nuance ! Son élection est un fantastique message d'espérance pour toutes les minorités de par le monde. Hier soir, dans le café de Bordeaux que le comité de soutien à la candidature d'Obama avait choisi pour organiser la soirée électorale, il y avait de nombreux Bordelais d'origine africaine et je les sentais à la fois en attente et fervents. Ils me donnaient l'impression que se jouait leur destin à eux aussi. Tout comme les habitants du village kényan où est née la grand-mère paternelle de Barack Obama : scène incroyable, vue à la télévision, du petit peuple d'un continent abaissé, soudain si fier de « son » président.

Est-ce à dire que le monde et l'Amérique vont du jour au lendemain se retrouver, que les crises vont se résoudre, que les inégalités vont se réduire, que les conflits vont s'apaiser ? Obama lui-même a prévenu qu'il y aurait des déceptions et des échecs. Qu'il lui faudrait du temps. Car la tâche qui l'attend est formidable, dans tous les sens du terme : enthousiasmante et terrifiante. Dans son pays d'abord, où la situation économique et sociale est très difficile : le chômage explose ; les doubles déficits, budgétaire et commercial, sont abyssaux ; on compte désormais en trillions de dollars ; les chiffres donnent le vertige ; la marge de manœuvre est faible, d'autant que la croissance n'est plus au rendez-vous. Il faudra pour relancer la machine une imagination, une énergie, une capacité de rassemblement hors du commun.

Et pour nous, Européens et Français, où sera le changement ?

Obama n'est pas un Européen de gauche, c'est un Américain pragmatique, c'est dit. Son pragmatisme explique sa prudence : sur le contenu de sa politique économique, il est resté flou ; il va nous falloir la découvrir et juger sur pièces.

Ce qui est sûr, c'est qu'il est américain. Jusqu'au bout des ongles. Par son patriotisme vibrant, qui fonde sa capacité à rassembler un peuple fier de son identité américaine. Chez nous, être patriote, c'est un peu ringard. On siffle même l'hymne national dans nos stades. Inconcevable aux Etats-Unis où le drapeau est un symbole sacré. Américain aussi par son esprit religieux et ses valeurs qui ne coïncident pas toujours avec les nôtres, qu'il s'agisse de la peine de mort ou de la liberté de porter des armes.

Il défendra donc, et c'est sa mission première, les intérêts de l'Amérique qui peuvent entrer en conflit avec les nôtres.

Dissipons une autre illusion française, née de la crise financière : ce n'est pas la fin du capitalisme ni du libéralisme !

« Obama anticapitaliste ? » se demande Philippe Askenazy, dans les colonnes du *Monde* du 10 décembre 2008. Réponse : « Certainement pas. [Son] objectif est de rééquilibrer le capitalisme américain pour lui faire gagner en efficacité. »

La majorité des Américains, et de nombreux Français, je l'espère, demeurent attachés à ce qui fait l'essence du libéralisme : c'est-à-dire l'amour de la liberté. Et convaincus qu'on n'a jamais trouvé, pour créer des richesses, système plus efficace que la libre entreprise et l'économie de marché. Ce qui nous a explosé à la figure, c'est une machine infernale fabriquée par les apprentis sorciers d'une économie financière sans foi ni loi. Ce n'est pas la liberté, c'est la licence et le désordre. Le vrai libéralisme, l'économie de marché stable et créatrice de valeurs « réelles » exigent des régulations, un code de la route, une éthique qui fassent consensus entre les grands acteurs de l'économie, au plan national comme au niveau mondial. C'est ce qui est en cause aujourd'hui. C'est la réforme qu'il nous faut mettre en œuvre. Il n'est pas sûr que nous trouvions aisément un terrain d'entente entre les principaux protagonistes, les puissances qui constituent désormais le G20 : les Américains, les Européens et les pays dits émergents.

Dans la résolution des conflits qui minent la paix et la sécurité du monde, il n'est pas sûr non plus que l'harmonie règne spontanément entre les deux rives de l'Atlantique. J'en prendrai un seul exemple : le nouveau président des Etats-Unis veut organiser le retrait progressif d'Irak des troupes américaines et passer le relais aux autorités irakiennes. Bien. Simultanément, il veut renforcer la présence américaine en Afghanistan et ne manquera pas de demander aux Européens de faire de même. Nous laisserons-nous entraîner ?

Cela dit, ne boudons pas notre plaisir : les bonnes nouvelles ne manquent pas, au soir de cette élection. Un peu moins d'unilatéralisme, un peu plus de dialogue. Un peu moins d'idéologie, un peu plus de pragmatisme. Un peu moins de diabolisation, un peu plus d'ouverture à parler, y compris avec ceux qui ne partagent pas vos points de vue. Tant il est vrai que, pour sortir d'une guerre, on ne fait pas la paix avec ses amis, mais avec ses adversaires.

La plus vive lumière, dans le ciel chargé de la scène internationale, vient sans aucun doute du changement radical que la nouvelle Administration américaine va opérer sur le front du développement durable. Malgré une prise de conscience en profondeur de la société américaine, malgré les politiques audacieuses mises en œuvre par de nombreux Etats, tel l'Etat de Californie sous l'impulsion du gouverneur Arnold Schwarzenegger, ou de nombreuses villes, telle New York avec son maire Michael Bloomberg, le gouvernement Bush a obstinément refusé de s'engager dans la lutte contre le réchauffement climatique, dont il a longtemps nié la réalité. Tout va changer et Obama fera même du développement durable l'un des instruments du rebond économique de l'Amérique : croissance écologique, technologies vertes, desserrement de la dépendance énergétique... autant d'opportunités pour créer de nouvelles activités et de nouveaux emplois.

Prenons garde, nous Français et Européens, de ne pas nous retrouver à la traîne.

Tel est, en fin de compte, le véritable enjeu. Obama ne sera pas notre sauveur. Personne d'autre que nous-mêmes ne nous sauvera. Le salut, la solution à nos difficultés pour employer un vocabulaire plus terre à terre, est entre nos mains et dans les mains de personne d'autre. La France, dans ce contexte, est renvoyée à elle-même. A ce qui fait sa force. A ses faiblesses aussi. En commençant par cette pernicieuse morosité qui la mine depuis des années. Le succès de la mode intellectuelle, narcissique et démobilisatrice, qu'on a appelée le « déclinisme », en dit long sur notre pathologie collective. Nous perdons confiance en nous-mêmes, nous avons peur de tout : peur de la mondialisation, peur de la compétition, peur de l'immigration, peur de la diversité, peur de l'Europe, peur du mythique plombier polonais, etc. Sommes-nous à ce point fatigués du monde et de la vie ? Quand le Parlement français a voté une disposition législative qui autorise les salariés à travailler, s'ils le souhaitent, jusqu'à 70 ans, les partis de gauche et les syndicats ont crié au scandale. Et pourtant ! Il s'agit d'une liberté et non d'une obligation, d'un droit nouveau et non d'un devoir supplémentaire ! Les travailleurs qui, depuis leur plus jeune âge, ont accompli des tâches pénibles doivent pouvoir prendre, dès 60 ans, voire avant, un repos mérité. Mais combien d'hommes ou de femmes sexagénaires, en pleine possession de leurs moyens physiques et intellectuels, disposant devant eux d'une espérance de vie de quinze ou vingt ans, souhaiteraient rester en activité un peu plus longtemps ! On connaît l'objection, toujours dérangeante en période de redémarrage du chômage : les seniors qui continuent à travailler privent de postes les juniors qui sont aux portes de la vie active. Pourtant, la démonstration est faite qu'il n'y a pas de corrélation entre les deux situations : parmi les pays développés, la France cumule, depuis des années, le taux d'activité des 55/65 ans le plus faible, et le taux de chômage des jeunes de moins de 25 ans le plus élevé. CQFD. Questionné par Jean-Michel Aphatie sur les ondes de RTL, Xavier Bertrand eut un jour cette repartie percutante qui laissa son interlocuteur sans voix : « Monsieur Aphatie, si vous preniez votre retraite, seriez-vous remplacé par un jeune journaliste de vingt-cinq ans ? »

J'ai la même réaction sur la question du travail le dimanche. C'est devenu, chez nous, une affaire de principe, quasi philosophique. Toute l'idée que nous nous faisons de la vie en société et même de la vie tout court serait en cause. J'ai du mal à monter sur ces hauteurs. Pourquoi ne pas nous en tenir aux faits : des salariés sont prêts à travailler le dimanche, notamment parce qu'ils y trouvent un intérêt financier ; des consommateurs seraient très heureux de faire leurs courses le dimanche, faute de temps dans la semaine. Si la dérogation est encadrée, de sorte qu'elle demeure une liberté et ne devienne pas une obligation, où est le mal ? Tout au long de notre année canadienne, nous avons souvent « magasiné » le dimanche ; je n'ai pas observé que la société québécoise, très attachée aux valeurs familiales, y ait perdu son âme ! L'Eglise catholique serait contre. Mais ne s'est-elle pas déjà adaptée à l'évolution de nos modes de vie en instituant la messe avancée le samedi en fin de journée ? Il me semble que la querelle, qui divise la majorité parlementaire, est largement artificielle. Ce n'est pas l'avis de Jean-François Copé que j'ai même entendu se réjouir bruyamment de la vigueur de ce « débat de société », dans lequel il voit un signe de santé de notre démocratie. Peut-être a-t-il raison...

Je garde quand même l'impression que nous mettons trop souvent notre talent à cultiver notre conservatisme, voire notre immobilisme foncier. Comment en sortir ? Comment secouer toutes nos pesanteurs ? Je n'ai pas la prétention d'apporter la recette. Peut-être devrions-nous tout simplement commencer par regarder le monde tel qu'il est... Il n'est pas immobile, lui !

Au-delà des crises, financière et économique, qui nous ont fait entrer dans une période très difficile de stagnation et de tensions, mais dont nous finirons bien par sortir, se dessinent ou se poursuivent plusieurs révolutions majeures qui changent radicalement la donne mondiale : au premier rang, la révolution géopolitique, la révolution écologique, la révolution numérique. Là sont les véritables défis, mais aussi les nouvelles chances. Et si, écartant la peur, toute naturelle, du défi, nous nous préparions à saisir notre chance ?

La mondialisation a d'ores et déjà déplacé le centre de gravité de la richesse, de la puissance et même des valeurs. D'une certaine manière, nous ne sommes plus, nous Européens, nous Occidentaux, le centre du monde. Rude réalité que nous avons illustrée de quelques chiffres dans le Livre blanc sur la politique étrangère et européenne de la France que Louis Schweitzer et moi-même avons remis au président de la République en juillet 2008 : entre les années 1980 et les années 2000, la contribution des économies avancées à la croissance mondiale est passée de plus de 50 % à 36 %, tandis que celle de l'Asie émergente a bondi de 21 % à 37 %. D'ici à 2020, sauf rupture de tendance, la Chine et l'Inde, tout en restant fortement en retard en termes de revenu par habitant par rapport aux puissances économiques établies, devraient se hisser aux tout premiers rangs des économies mondiales (respectivement aux 2e et 4e rangs). Même chambardement dans la démographie de la planète : les habitants des pays de l'OCDE ne représentent plus que le sixième de la population mondiale; ils seront moins du huitième à l'horizon 2020, et moins du dixième dans cinquante ans.

Le colossal transfert de richesses qui s'opère depuis des années entre pays consommateurs et pays producteurs de pétrole et de gaz accentue le phénomène. Je ne pense pas que la baisse conjoncturelle du prix du baril y change grand-chose sur le moyen et le long terme : quelles que soient les découvertes de gisements nouveaux que pourront faire les compagnies pétrolières, nous sommes entrés dans une époque de raréfaction incontournable des énergies fossiles. Au premier signal de redémarrage de la croissance économique, la hausse des prix du pétrole et du gaz repartira... jusqu'à ce que nous apprenions à réduire notre dépendance.

Ironie de l'histoire : les fonds souverains des pays pétroliers, dont la formidable puissance financière nous inquiétait naguère, se parent désormais, à nos yeux, de toutes les vertus. Au point que les dirigeants occidentaux vont « faire la manche » auprès des Etats propriétaires pour que ces fonds viennent recapitaliser nos banques et nos grandes compagnies en détresse.

Il n'est pas jusqu'à notre système de valeurs qui ne soit chahuté par cette grande redistribution des cartes géopolitiques : quand nous vantons les mérites universels de la démocratie à l'occidentale, des droits de la personne humaine, de l'Etat de droit, la Chine et même la Russie proposent aux pays en développement un modèle différent, qui associe l'ouverture économique du « socialisme de marché », voire du capitalisme le plus dur, et la fermeture politique de régimes politiques autoritaires. A Pékin comme à Moscou, on ajoutera : « Et ça marche. »

Nous pourrions nous rassurer en nous disant que ces nouvelles puissances sont fragiles. Il se peut en effet que la Chine ne soit qu'un géant aux pieds d'argile. La crise économique l'ébranle dangereusement. Sa croissance chute entre 7 et 8 %, taux qui peuvent nous faire rêver, nous Européens, mais qui sont insuffisants pour donner du travail à la masse innombrable de Chinois qui quittent leurs campagnes pour rejoindre les zones urbaines côtières. Les émeutes du chômage se multiplient et risquent d'acculer le pouvoir chinois à chercher son salut dans la répression, sa tentation naturelle.

Quant à la Russie, son avenir reste un mystère. J'emprunte les lignes qui suivent à *La Reconquête russe*, le dernier livre de Laure Mandeville, grand reporter au *Figaro*, qui a « couvert » les différentes crises de l'après-communisme depuis 1989 : la Russie, écrit-elle, « s'en va-t-elle vers une démocratie à l'occidentale qu'elle aurait pour l'instant échoué à instaurer mais qui pourrait progressivement émerger au fur et à mesure du renforcement de la classe moyenne [...]? Ou va-t-elle demeurer pour longtemps un régime autoritaire et corrompu, susceptible de virer, sous certaines circonstances, au nationalisme agressif? [...] La Russie est-elle condamnée à ce que son champ de vision soit éternellement défini par un pouvoir carnivore, placé au-dessus des lois? ».

La réponse de Laure Mandeville à ses propres interrogations ne pèche guère par optimisme.

Il est clair que ces incertitudes ne font pas nos affaires. C'est de stabilité globale que nous avons besoin, et tout particulièrement de partenariats stratégiques confiants et durables avec deux pays qui resteront en toute hypothèse des acteurs majeurs de la scène mondiale. L'Union européenne s'y emploie, mais la confrontation est rude. On l'a vu avec la crise géorgienne, ou avec la réaction chinoise à la réception faite, en Europe, au Dalaï-Lama. La France est souvent en première ligne, parfois du fait de ses maladresses mais le plus souvent parce que sa position est prééminente aux yeux mêmes de nos partenaires. Il existe toujours, sur la scène mondiale, un « besoin de France », une attention particulière à notre vision des grandes questions internationales, de la considération pour les initiatives que nous avons souvent la capacité de prendre avant les autres. On le constate au Conseil de sécurité des Nations unies, mais aussi en Europe, voire dans la relation transatlantique. Grâce à la continuité de notre politique étrangère depuis les débuts de la Ve République, continuité que n'ont pas vraiment affectée les différences de style des présidents successifs, nous avons acquis une influence qui est un bien collectif précieux. Nous devons veiller à la développer. Pour y parvenir, il nous faut bien sûr des bases matérielles suffisantes ; sans moyens, pas d'ambition crédible. C'est ce que nous avons écrit dans le Livre blanc sur la politique étrangère que j'ai déjà cité. Il nous faut surtout une indépendance d'esprit totale, ce qui n'exclut évidemment pas les solidarités, voire les alliances, mais ne souffre aucun alignement, aucune inféodation.

Le défi écologique est d'un autre ordre, puisqu'il s'agit ni plus ni moins que de notre survie collective. Pourvu que la gestion des crises financière et économique ne nous détourne pas de cette urgence vitale !

Réchauffement climatique principalement dû à l'activité humaine, recul accéléré de la biodiversité, épuisement des ressources naturelles, y compris de l'eau, pollutions de tous ordres menaçant notre santé, etc. Le diagnostic est posé et, malgré quelques combats de retardement, largement partagé.

A en croire l'économiste britannique Nicholas Stern dont le rapport sur le coût global des atteintes portées à notre environnement a fait date, les choses ne s'arrangent pas : les émissions de gaz à effet de serre continuent à progresser plus vite que prévu, la capacité d'absorption de ces gaz par le milieu naturel est moindre qu'attendu, le réchauffement climatique s'accélère... Bref, nous allons à la catastrophe.

Les remèdes sont, pour l'essentiel, connus. Mais leur administration demande du courage et de la ténacité. Du « global au local », selon mon expression favorite. Jacques Ellul, le penseur bordelais qui a si magistralement analysé les dérives de ce qu'il appelle la société « technicienne », a été l'un des tout premiers (le premier ?) à lancer la formule : « penser globalement, agir localement ». Je préfère dire : « penser et agir du global au local ». C'est-à-dire des accords planétaires jusqu'aux « agendas 21 » municipaux, ces plans d'action pour le XXI^e^ siècle dont se dotent nos collectivités locales, en passant par les normes européennes et les politiques nationales.

La communauté internationale prépare dans la douleur le rendez-vous qu'elle s'est fixé à Copenhague à la fin de l'année 2009, pour donner une suite ambitieuse au premier protocole de Kyoto. Arriverons-nous à convaincre tous les Etats qu'ils portent une part de responsabilité dans la dégradation de la planète ? Les pays industrialisés bien sûr, qui restent les principaux pollueurs ; mais aussi les pays émergents qui les rejoignent : la Chine, par exemple, qui est en passe de devenir le deuxième pays émetteur de $CO_2$ de la planète. Comment « différencier » les efforts exigés de chacun, en fonction de sa responsabilité propre et de ses moyens ? C'est tout l'enjeu des mois de négociation qui sont devant nous.

Même logique en Europe où la discussion du paquet climat-énergie donne lieu à de semblables confrontations entre pays avancés et nouveaux

Etats membres : la Pologne, la plus coriace, rechigne à prendre des engagements qui pourraient retarder les progrès de sa convergence avec les économies les plus développées de l'Union. Et même l'Allemagne s'interroge sur la manière de concilier notre volonté d'exemplarité écologique et les exigences de notre compétitivité avec le reste du monde. Pour parvenir à un accord à 27, l'Union a dû accepter, lors du Conseil européen de décembre 2008, des compromis qui réduisent sensiblement son niveau d'exemplarité.

Les mesures juridiques et techniques n'y suffiront pas. C'est une révolution morale que nous devons réussir, en changeant profondément nos comportements, nos modes de production, nos habitudes de consommation. J'en donnerai un petit exemple tiré de mon expérience bordelaise : la ville de Bordeaux entretient plusieurs centaines d'hectares de parcs et d'espaces verts ; pour ce faire, nos services consommaient, en 2003, 1 100 000 mètres cubes d'eau (du robinet... car nous ne disposons pas d'un réseau spécifique pour l'arrosage) ; cinq ans après, notre consommation d'eau a été divisée... par 7. Comment avons-nous fait ? Nos jardiniers ont fait preuve d'un grand sens de l'innovation, ils ont changé leurs méthodes culturales, ils ont planté des espèces moins gloutonnes en eau. Surtout, ils ont mené une chasse systématique au gaspillage. Leur réussite me convainc d'une chose : nous vivons dans une économie de gaspillage généralisé. Paradoxe quand on se souvient que l'économie est par définition la science (ou l'art ?) de la gestion des ressources rares. J'avais été frappé, lors de mon séjour québécois, par l'avertissement que se donnaient entre eux les étudiants d'un collège de Drummondville : « Quand tu vas magasiner (en bon français dans le texte), demande-toi si tu as vraiment besoin de ce que tu vas acheter ! »

Il nous faut réinventer non pas l'austérité, mais précisément l'économie au vrai sens du mot. Je n'aime pas le concept de décroissance, qui décourage l'innovation et fleure bon son parfum de nostalgie, son retour au temps supposé béni de la diligence et de la lampe à huile. Je préfère parler de nouvelle croissance, d'une croissance verte, économe des ressources non renouvelables, mais porteuse de nouveaux développements, de nouvelles technologies, de nouveaux métiers. Ne nous y trompons pas : c'est ce qui est en train de se passer dans les secteurs les plus dynamiques de nos sociétés.

La révolution numérique n'a pas fini de nous surprendre. *Le Monde* titrait ainsi son supplément du jeudi 20 novembre 2008 : « Connectés partout ». Je le cite : « Les voyageurs d'affaires qui pouvaient, l'instant d'un vol, oublier leurs e-mails et leurs conversations téléphoniques professionnelles ne vont plus rester tranquilles très longtemps. Les compagnies aériennes s'équipent progressivement de systèmes pour permettre à leurs clients de garder le contact avec la terre ferme. Dans le courant de l'année 2009, il sera possible de consulter ses messages à dix mille mètres d'altitude. Ainsi, c'est le dernier endroit où l'on pouvait déconnecter au sens littéral du terme qui disparaît. »

Et, se projetant vers un avenir plus lointain, le journal ajoute : « Il ne paraît pas inconcevable qu'un jour où l'autre, avec l'aide des nanotechnologies […], nous soyons nous-mêmes reliés au réseau. Pour le meilleur ou pour le pire ? »

La question se pose en effet.

J'aime échanger sur mon blog avec la Terre entière. Je reste fasciné par la puissance des moteurs de recherche qui mettent tout le savoir du monde sur mon bureau. Je m'inquiète néanmoins quand le dirigeant d'un opérateur téléphonique m'explique qu'avec le développement de la géo-localisation, sa compagnie va pouvoir m'apporter, sur mon téléphone mobile, une foule de services nouveaux, comme le temps qu'il va faire dans ma rue cet après-midi ou le meilleur trajet à suivre pour atteindre ma destination personnelle en évitant les embouteillages. « Et me suivre en permanence à la trace? », ai-je risqué timidement.

Je connais, comme vous, sa réponse : « Nous nous contentons de mettre en œuvre une technologie en constant développement; toute technologie doit être maîtrisée; il peut en sortir le pire ou le meilleur; à chacun de savoir s'en servir. » Facile! Le jeu n'est pas toujours égal. Isabelle et moi nous sommes longtemps interrogés sur la réponse à donner à notre fille qui venait de fêter son treizième anniversaire : « Toutes mes copines ont un téléphone portable. Vous êtes souvent par monts et par vaux. Il faut que je puisse vous joindre en cas d'urgence! » Devant tant de bonne foi, aucun argument ne tient. Nous faisons bien sûr notre devoir de parents. Nous expliquons, faits divers à l'appui, qu'il ne faut surtout pas se laisser embarquer sur la toile par tel ou tel correspondant inconnu. Nous prévenons contre le risque, psychologique ou physique, d'une utilisation intensive du téléphone mobile ou de l'ordinateur portable. La science ne nous aide pas puisqu'elle se prétend incapable de se prononcer nettement sur le danger que nous font courir les ondes électromagnétiques dans lesquelles nous baignons en permanence. « Nous n'avons pas encore assez de recul », entends-je répondre souvent. Ce qui n'est guère satisfaisant.

De toute manière, aucune barrière ne tiendra. Nous sommes emportés. Vers quel avenir ? Qui le sait ? Tous les scénarios sont possibles. Celui d'une déshumanisation progressive d'individus prisonniers de leur univers virtuel, manipulés par un Big Brother anonyme... Ou celui d'une harmonieuse interconnexion d'êtres humains réconciliés avec eux-mêmes et leur environnement.

Rêvons que le numérique et l'écologique s'enrichissent l'un l'autre, s'humanisent mutuellement.

Deux petits exemples, pour nourrir l'optimisme.

D'abord, le numérique au service de l'écologique : les techniques de visioconférence s'améliorent de manière spectaculaire ; les entreprises y recourent de plus en plus souvent pour économiser le temps, la fatigue, le carbone... de fréquents déplacements en avion.

Ensuite, l'écologique comme créateur de lien social : les riverains de la rue Paul-Camelle à Bordeaux ont voulu réduire le bruit, la pollution, les excès de vitesse qui gâchaient la qualité de leur vie quotidienne ; ils ont conçu ensemble un projet de « rue-jardin » qu'ils ont proposé à la municipalité, qui l'a accepté. Ce qui m'a le plus intéressé dans leur initiative, ce n'est pas tant l'amélioration de la qualité de l'espace public que l'aventure humaine : à les entendre, il s'est passé quelque chose entre eux ; ils ont cessé d'être des riverains qui se saluaient poliment, pour devenir des acteurs qui se sentent responsables de la réussite d'une entreprise commune. J'ai écouté leur témoignage lors d'une rencontre que la mairie avait organisée pour partager avec les Bordelais notre projet d'« agenda 21 ». J'ai tiré des débats qui se sont succédé une journée entière la conviction que le développement durable peut être une cause fédératrice qui rapproche les êtres humains dans une commune volonté de se réconcilier avec leur environnement naturel, mais aussi avec eux-mêmes. La dimension humaine est plus importante que la démarche technique ou scientifique.

Gilles Berhault, qui préside entre autres le forum européen TIC21, y croit dur comme fer. Dans un lumineux ouvrage intitulé : *Développement durable 2.0,* et audacieusement sous-titré : « L'Internet peut-il sauver la planète ? », il nous délivre un message plein d'optimisme : « Une nouvelle génération de citoyens est en train d'apparaître, qui se détourne de l'exercice traditionnel de la citoyenneté – marquée par des rendez-vous périodiques avec l'isolware – au profit d'une communauté permanente, solidaire du monde, moins consommatrice, agissant maintenant et certainement plus méfiante vis-à-vis de la classe dirigeante... utilisatrice d'Internet. »

Et encore : « Le développement durable sonne le glas d'une culture technocratique et d'un pouvoir hiérarchisé et inaccessible à la majorité des populations ; les initiatives, sources de progrès environnemental et social, y compris dans les entreprises, reposent toutes, aujourd'hui, sur un partage des savoirs, des pouvoirs et des responsabilités : Internet a donné bien plus de pouvoir à chaque individu. »

Face au changement en général et aux changements fondamentaux que je viens d'évoquer, notre réaction naturelle est souvent faite de paresse et de crainte mêlées. L'attentisme pourtant serait suicidaire. Changer face au changement, voilà le nouveau défi ! Comment allons-nous nous y prendre ?

Il y a quelques années, dans un rapport très lucide sur l'état de la France, Michel Camdessus nous invitait au sursaut. Nicolas Sarkozy, lui, nous propose la rupture. Il s'est mis à la tâche avec une ardeur qui force l'admiration. Il est sur tous les fronts. Comme il me l'a confié un jour, en tête à tête, il « s'occupe de tout ». Son sang-froid, sa réactivité face aux ébranlements des marchés financiers ont impressionné. L'opinion française ne s'y est pas trompée, qui s'est sentie rassurée par sa présence, les méchants diront : son omniprésence. En l'occurrence, elle avait du bon. Il est vrai que, subliminalement, nous étions nombreux à nous dire : « Que se serait-il passé si le résultat de l'élection présidentielle de 2007 avait été différent ? » J'ai entendu, au plus fort de la crise, Ségolène Royal vilipender l'activisme du chef de l'Etat. Mais quand le journaliste qui l'interrogeait lui demanda ce qu'à sa place, elle aurait fait, ce fut le vide sidéral.

Cette capacité de Sarkozy à se porter sur l'événement, quel qu'il soit, sa volonté d'exercer le leadership, son art de s'emparer de son interlocuteur, de manière presque physique, en l'amenant sur le terrain qu'il a choisi font dans un premier temps merveille. A la longue, ils peuvent lasser, notamment ses pairs en Europe. Sans trahir la confidentialité d'un entretien en tête à tête, je peux dire combien Angela Merkel est déroutée par cette attitude, qui n'est pas dans sa nature. Mais séduite aussi, et désireuse de rechercher, au bout du chemin, l'accord franco-allemand dont elle sait bien qu'en Europe, il conditionne tout

Le Président, de temps en temps, me téléphone ou m'invite à déjeuner. Pour me consulter, dit-il. Le plus souvent, pour m'expliquer ce qu'il va faire et me convaincre qu'il a pris le bon chemin. Ses arguments font le plus souvent mouche. Mais son obsession de la rupture me donne parfois de l'urticaire. J'ai envie de lui citer ces phrases magnifiques de Montaigne : « Quand quelque pièce se démanche, on peut l'étayer; on peut s'opposer à ce que l'altération et corruption, naturelle à toutes choses, ne nous éloigne pas trop de nos commencements et principes; mais d'entreprendre de refonder une si grande masse, et de changer les fondements d'un si grand bâtiment, c'est à faire à ceux qui, pour décrasser, effacent, qui veulent amender les défauts particuliers par une confusion universelle, et guérir les maladies par la mort. »

Sagesse, humilité qui traversent le temps.

Prétendre tout changer et, pour ce faire, annoncer chaque jour un nouveau plan d'action, assorti de crédits considérables en pleine disette budgétaire, tout cela finit par donner le tournis.

Peut-être pourrions-nous commencer par « étayer » les pièces qui « se démanchent » ?

Où sont les urgences ? L'économie bien sûr !

J'ai bien aimé le dernier livre de Jean Peyrelevade (*Sarkozy : l'erreur historique*) et son ton provocateur. Son diagnostic n'est pas contestable : notre économie perd des parts de marché, sa compétitivité se dégrade. Et l'explication par l'euro n'en est pas une : c'est avec l'Allemagne, qui partage avec nous la même monnaie, que notre déficit commercial est le plus lourd. Michel Camdessus avait déjà donné l'explication, que Sarkozy a reprise à son compte : nous travaillons moins que nos grands concurrents, que ce soit dans la semaine, dans l'année, ou dans la vie. Pour restaurer notre compétitivité, il faut certes maîtriser les charges qui pèsent sur ceux qui travaillent et qui créent – et tous les gouvernements, à des degrés divers, s'y sont employés –, il faut surtout augmenter la quantité de travail fournie par l'entreprise France. Même si l'on peut contester telle ou telle des mesures ou des réformes qu'il a fait adopter, Sarkozy a, de ce point de vue, fixé le bon cap.

Au premier rang des « pièces » qu'il faut « étayer », comme dit Montaigne, il y a l'éducation et la formation, l'innovation et la recherche. Au risque de surprendre, je dirai qu'en ces domaines, nous ne sommes pas si mauvais. J'ai pu le constater au Canada : nos étudiants, qui y sont nombreux, se débrouillent très bien dans les meilleures universités nord-américaines. Nos chercheurs y sont très appréciés. Si nous voulons progresser, il faut y mettre les moyens. Un seul exemple : celui des bibliothèques universitaires qui, même à l'heure d'Internet, demeurent un outil de travail essentiel : j'ai pu constater que celle de Princeton, près de New York, restait ouverte quasiment toute la nuit; naguère, la bibliothèque Sainte-Geneviève, quartier général des étudiants de la Sorbonne, fermait à 18 heures... Les choses bougent : les quatre universités bordelaises se sont rendu compte que, séparées, elles n'avaient aucune visibilité internationale; elles se sont donc regroupées en un « pôle de recherche et d'enseignement supérieur » unique... dont la présidence tourne tous les ans. Encore un petit effort, et nous arriverons à la fusion souhaitable qui permettra à l'université (sans « s ») de Bordeaux de se doter d'une gouvernance stable et forte, et d'avancer sur la voie de l'autonomie. Nous avons besoin d'universités autonomes et puissantes, foyers du savoir et de la recherche, travaillant en lien étroit avec nos entreprises les plus innovantes, ouvertes sur le monde. Nos universitaires sont-ils allergiques à l'autonomie ? On pourrait le croire à voir les manifestations qui se sont multipliées dans les rues de nos grandes villes en janvier et février derniers.

J'ai reçu à Bordeaux une délégation de professeurs et d'étudiants, de tous bords politiques ou syndicaux. Je les ai questionnés et écoutés. Je les ai trouvés très déterminés dans leur refus d'une réforme qu'ils estiment bâclée. Ce qu'ils redoutent par-dessus tout, c'est d'être mis sous la tutelle des présidents d'université. Ils sont attachés à leurs « libertés » et considèrent que seule une gestion nationale des carrières peut les leur garantir. En bref, disent-ils : oui à l'autonomie des universités, mais non à l'autonomie des corps.

Le dialogue pourra-t-il dissiper les ambiguïtés et conduire à un point d'équilibre ? Si l'on y met la considération qu'ils méritent, je le crois.

Il faut aussi que nos universités redeviennent plus accueillantes aux étudiants et aux professeurs étrangers. N'est-il pas navrant que le maire d'une capitale africaine, comme il me l'a récemment confié lors de la rencontre à Québec de l'Association internationale des maires francophones (AIMF), soit obligé d'envoyer ses enfants dans des universités américaines, faute d'obtenir des visas pour la France ?

Ce qui change heureusement, dans l'autre sens, c'est la mobilité des étudiants français. Dans la plupart des cursus universitaires désormais, l'année d'étude à l'étranger est un point de passage obligé. Je n'ai pas eu cette chance, pas plus que la grande majorité des jeunes de ma génération.

L'un des programmes les plus populaires de l'Union européenne, c'est Erasmus qui permet aux jeunes Européens de s'expatrier une année, dans un pays d'Europe qui n'est pas le leur. L'expérience est à tous les coups concluante. Seul regret : ce programme ne touche encore qu'une toute petite minorité de jeunes. C'est pourtant l'un des meilleurs moyens de faire connaître et de faire aimer l'Europe.

Car il faut faire aimer l'Europe !

Malgré tous les déboires récents de la construction européenne, malgré le désamour des opinions publiques, y compris dans les pays qui ont tiré le plus grand avantage de leur adhésion, malgré le recul de l'esprit communautaire devant les égoïsmes nationaux... je ne renonce pas à mon rêve européen.

Ce que nous avons construit ensemble, depuis un demi-siècle, est extraordinaire, sans exemple ailleurs sur la planète. Pas d'autre ensemble régional qui se soit doté d'une monnaie unique, et, en période de crise financière, nous devrions en bénir non pas le ciel mais les auteurs du traité de Maastricht ! Pas d'autre organisation régionale non plus qui ait mis en œuvre d'aussi puissants mécanismes de solidarité entre les Etats membres les plus développés et ceux qui restaient en retard. L'actualité nous confirme chaque jour, en Irlande ou en Pologne, que la reconnaissance n'est pas une vertu politique. Mais peu importe ! Les politiques de cohésion, le rattrapage offert à nos nouveaux partenaires nous profitent à nous aussi.

L'Europe, ces temps-ci, ne se porte pas très bien. Ses institutions ne sont pas à la hauteur de ses ambitions, ni des défis qu'elle doit affronter. La fuite générale vers l'élargissement sans frontières est très révélatrice de l'absence de projet politique partagé. Il faut pourtant garder la foi et continuer le combat. L'enjeu est simple : dans un monde à l'évidence multipolaire, constituerons-nous tous ensemble un pôle de stabilité, de progrès humain et d'influence ? Ou bien défendrons-nous nos intérêts en ordre dispersé, pratiquerons-nous l'art du « chacun pour soi » où nous excellons, face à des mastodontes économiques et politiques qui ont sonné l'heure du « retour des puissances » ?

Faire aimer l'Europe... Vaste programme, me dira-t-on. Je crois, au plus profond de moi-même, qu'il s'en faut de peu. J'ai confiance dans le bon sens des peuples. Ils voient bien que dans la tourmente, l'Europe unie peut mieux faire entendre sa voix et peser sur les décisions collectives. Qu'elle est rassurante. Je préfère dire rassurante que protectrice. Protection. Protectionnisme. La France a beaucoup de mal à se défaire de sa réputation de colbertisme protectionniste qui hérisse le poil de nombre de nos partenaires, à commencer par le plus grand et le plus proche, l'Allemagne. Entraînons-nous donc à l'art de la nuance : nous avons des intérêts à défendre, sans naïveté ni faiblesse ; mais nous n'avons pas intérêt à nous barricader derrière des frontières étanches, alors que nous sommes les premiers à pouvoir profiter de la croissance des échanges mondiaux. Je reconnais que passer de la théorie à la pratique exige un talent fou !

Une Europe qui rassure. Une Europe qui garde sa cohérence et qui digère ses élargissements successifs. Qui prend donc le temps de réfléchir à ce qu'elle veut être sur la scène mondiale, qui invente de nouvelles politiques de voisinage, comme l'Union pour la Méditerranée, plutôt que d'allonger indéfiniment la liste de ses Etats membres.

Une Europe qui parle à chacun dans sa vie quotidienne, une Europe qui apporte des améliorations concrètes, qui travaille sur une approche commune des questions d'immigration, sur la sécurité de ses approvisionnements énergétiques, sur la qualité de son environnement, etc.

Bref, je reste un gaulliste européen militant. L'Europe ne sera sans doute pas celle qu'avaient rêvée ses pères fondateurs. Tous ses Etats membres ne pourront pas ou ne voudront pas avancer au même rythme. Certains renforceront leur coopération dans tel ou tel domaine, notamment la défense et la sécurité, ou des actions communes de politique étrangère. Mais je ne parviens pas à imaginer un XXI<sup>e</sup> siècle vivable, pour nous Français, sans une Union européenne forte et durable.

L'Europe est en première ligne dans le combat pour notre survie. Mais pas seulement l'Europe. Tant pis si je me répète ! Je veux redire que les stratégies de développement durable doivent se déployer tous azimuts, « du global au local ».

Au niveau mondial, au-delà du renouvellement des grands accords internationaux, nous avons besoin d'une gouvernance écologique pérenne qui n'existe pas. L'idée lancée par Jacques Chirac d'une Organisation des Nations unies pour l'environnement garde toute sa pertinence.

L'Europe doit s'engager résolument, comme elle l'a fait en adoptant sa directive REACH qui place nos industries chimiques devant leurs responsabilités environnementales. Face à la Russie, avec laquelle nous devons garder l'objectif d'un partenariat stratégique, la meilleure initiative que nous avons à prendre, dans la logique du paquet climat-énergie, c'est de coordonner nos politiques d'approvisionnement énergétique pour renforcer notre main dans la négociation.

Nos Etats doivent placer le développement durable au premier rang de leurs priorités, comme le fait la France. Je suis heureux que le Grenelle de l'environnement soit un succès et j'ai félicité Jean-Louis Borloo d'avoir su réunir l'unanimité de nos députés sur son premier projet de loi. Rien n'est encore gagné pour autant. Tout va dépendre des moyens mis en œuvre pour financer les transports collectifs, pour encourager le fret ferroviaire et maritime, pour déclencher un grand mouvement de réhabilitation de l'habitat existant...

Car finalement, tout se joue sur le terrain, dans les « agendas 21 » locaux, et plus concrètement encore dans la modification de nos comportements individuels. Tout va se jouer dans nos villes. Je ne pense pas seulement à Bordeaux, que je veux rendre aussi exemplaire que possible. C'est le phénomène urbain dans toute son étendue qui me passionne. Abdou Diouf, ancien président du Sénégal, actuel secrétaire général de la Francophonie, déclarait récemment : « Le XXIe siècle sera urbain. » D'ores et déjà, la moitié de l'humanité vit en ville. Dans beaucoup de pays développés, ce pourcentage atteint 80 %. Mais, dans son dernier rapport sur « L'état des villes du monde », l'Onu écrit que « les pays en développement sont responsables de 95 % de la croissance urbaine mondiale et absorbent cinq millions de nouveaux urbains chaque mois ». Ce mouvement, irrépressible, nous lance des défis formidables. Je pense à la croissance monstrueuse des mégalopoles multimillionnaires en habitants, par exemple São Paulo, Mexico, Le Caire, Lagos... qui accumulent les problèmes : insécurité, pollutions, inégalités sociales, etc. Saurons-nous rendre ces villes durables ? Le rapport de l'Onu n'est pas fondamentalement pessimiste. Il souligne même que « ce n'est pas le degré d'urbanisation d'un pays ou la taille d'une ville qui détermine la quantité de gaz à effet de serre émis par personne », mais plus la structure de la ville, les modes et les niveaux de vie, les politiques environnementales. Les auteurs du texte, cités par le journal *Le Monde*, militent pour des villes plus compactes et moins dépendantes de la voiture. Ils concluent que « beaucoup de villes font face à ces défis grâce à des politiques urbaines innovantes » Et de citer Bangkok ou Bogota comme villes « en chemin vers l'harmonie ».

Mon lecteur aura compris que je n'ai rien perdu de mon enthousiasme pour la *res publica*.

On a beaucoup écrit, à propos de la crise financière, qu'on assistait au retour de l'Etat. J'ai murmuré qu'il n'avait jamais vraiment disparu, ni chez nous, ni même dans les pays réputés les plus libéraux. Je n'ai d'ailleurs jamais vu pour ma part de contradiction entre libéralisme efficace et Etat fort. Chacun son domaine.

Ce qui me frappe davantage, c'est le retour du politique face au technocrate. Les techniciens de la finance, y compris les plus brillants mathématiciens, ont perdu de leur aura. Il a fallu que les politiques mettent les mains dans le cambouis pour faire repartir le moteur. Suis-je naïf en ajoutant que je crois aussi au retour de l'éthique face à l'argent roi ? Il y a des signes encourageants. On peut enfin dire, sans apparaître comme un dangereux gauchiste, que rien ne justifie non seulement les parachutes dorés mais même les rémunérations exorbitantes. Aucun talent, aucun succès, aucun résultat d'exploitation ne légitime d'aussi gigantesques inégalités entre le sommet et la base, entre le salaire du P-DG et celui du smicard. Le sens de la mesure pourrait bien revenir à l'ordre du jour. C'est une vertu dont la France pourrait donner l'exemple.

Depuis Tocqueville, toute une littérature a analysé notre passion pour l'égalité. Elle n'est pas sans nous créer quelques handicaps, surtout dans un monde où la recherche de la compétitivité est une obsession quotidienne.

Mais elle peut être aussi un atout. Notre « modèle social » par exemple mérite mieux que la seule approche par les coûts. Certes, c'est, pour notre collectivité, une lourde charge. Je serais bien le dernier à pouvoir sous-estimer le poids de ses déficits. Je n'ai pas oublié combien il est périlleux de chercher à les maîtriser. Mais justement, je mesure aussi l'attachement que les Français lui portent. L'idée que la collectivité a l'obligation morale de s'occuper des plus faibles, des plus démunis, des pauvres est le ciment de notre « vouloir vivre ensemble ». Et c'est une chance qu'il ne faut pas gâcher. Car c'est une réponse pertinente aux défis des sociétés modernes. Comment fonder durablement la compétitivité d'une économie si le lien social entre ceux qui la font « tourner » se distend ou se rompt ? Comment conjurer le risque de déshumanisation que porte en lui le monde virtuel autrement qu'en mettant l'outil au service d'un projet partagé ? Comment éviter qu'écologie ne rime avec rigueur et tristesse, sinon en enrichissant toute stratégie de développement durable d'une ambition sociale et culturelle ?

Je n'avais pas compris d'emblée qu'un « agenda 21 » ne pouvait se limiter à une liste d'engagements environnementaux, de nature technique (efficacité énergétique, compensation carbone, récupération des eaux...). En élaborant celui de Bordeaux, j'ai pris conscience de l'importance de ses piliers sociaux et culturels. C'est d'une autre façon de vivre qu'en fait il s'agit.

Changement dans nos comportements individuels : se déplacer autrement, habiter autrement, consommer autrement... Les Amap (Associations pour le maintien de l'agriculture paysanne) ont un succès grandissant auprès des consommateurs bordelais qui recherchent des produits de proximité. Retour aux valeurs d'antan ? Pourquoi pas, quand elles avaient du bon ? Quand j'étais enfant, à Mont-de-Marsan, mon père n'aurait pas mangé d'autres légumes que ceux ramassés le matin même par les maraîchères de la proche « banlieue ». Lorsque, plus tard, me rendant visite à Paris, il me voyait manger des cerises en hiver, il se trouvait conforté dans l'idée que, décidément, les Parisiens bouffaient n'importe quoi n'importe quand, et que le monde marchait cul par-dessus tête ! Et Dieu sait s'il était gourmand !

Changement aussi dans la relation à autrui : partager, échanger, jouer collectif, voilà autant de conditions d'un développement durable. Il nous faut plus que jamais progresser du « chacun pour soi » vers le « vivre ensemble ».

J'ai beaucoup ri au dernier spectacle de Fabrice Luchini qui, entre deux textes superbes de Valéry ou de Barthes, brocarde méchamment la gauche compassionnelle qui mène croisade pour la justice entre l'île de Ré et la presqu'île de Saint-Tropez Il tourne en dérision le slogan « Tous ensemble, tous ensemble ! » que les manifestants de décembre 1995 scandaient si bruyamment sous mes fenêtres. Et comme le public autour de moi, je me suis gaussé. A la réflexion, je me suis dit que, si l'humour est en toutes choses salutaire, il ne faut pas jeter le bébé avec l'eau du bain, le ridicule de certaines exagérations ou de certains automatismes avec le profond besoin de fraternité qu'expriment nos contemporains. Après avoir, au siècle précédent, déconstruit l'humanisme des Lumières qui n'avait pas su arrêter la barbarie, le moment est venu de reconstruire un humanisme déniaisé, vigilant vis-à-vis du progrès technique et scientifique, décidé à le mettre au service de la personne humaine, confiant aussi dans sa capacité de réconciliation. Réconciliation entre le pouvoir et les citoyens, entre l'esprit d'entreprise et l'esprit de partage, entre l'homme et la nature.

Au total, c'est l'idée que je me fais de la France : compétitive, fraternelle, durable, c'est-à-dire soucieuse du legs qu'elle fera à ses enfants plus que de sa satisfaction instantanée.

Comment la servir ?

Je sers Bordeaux qui m'a donné si généreusement son cœur et sa confiance. La tâche n'est pas facile, entouré que je suis d'un conseil régional socialiste, d'un conseil général socialiste, d'une communauté urbaine à majorité rose/rouge/verte dont les dirigeants sont bien obligés de reconnaître ma légitimité démocratique mais conservent tout naturellement l'objectif de se débarrasser de moi à la prochaine occasion électorale.

Quand j'arpente la plage d'Hossegor où j'entraîne de plus en plus souvent Isabelle, je repense parfois à ma « tentation de Venise ». Il m'arrive de rêver d'un vaste bureau avec vue sur la mer. Mon regard irait de mon écran d'ordinateur et du clavier sur lequel je laisserais vagabonder mes pensées... jusqu'à mon complice de longtemps, aimé et redouté, mon « vieil Océan, ce grand célibataire ». Sa violence, sur la plage des Estagnots, m'attire mystérieusement, dangereusement. Je le dévisage. Je lui parle. Je me prends pour Lautréamont. Je tente prudemment des travaux d'approche. L'été, je m'enhardis et, malgré le fracas, je me vautre, avec un plaisir tout sensuel, dans la caresse brutale de ses vagues. A force de le contempler, je crois que j'ai percé son secret. Contrairement à tout autre paysage, de montagne ou de forêt, de plaine ou de ciel, il se renouvelle à chaque instant, il recommence sans cesse, il meurt et vit en permanence. Fascinante, inlassable résurgence des vagues. Lautréamont la décrit, bien sûr plus lyriquement que moi :

« Tu déroules au milieu d'un sombre mystère, sur toute ta surface sublime, tes vagues incomparables avec le sentiment calme de ta puissance éternelle. Elles se suivent parallèlement, séparées par de courts intervalles. A peine l'une diminue qu'une autre va à sa rencontre en grandissant. »

D'où le sentiment d'éternité.

Tout bien réfléchi, je ne me sens pas prêt pour la contemplation. Le besoin d'action continue à m'habiter. Et je me dis qu'il y a mille façons d'agir, bien des charges à exercer, tant de services à rendre.

Voilà. Je parle de tout cela avec Isabelle. Elle a plus d'intuition que moi. Je sais ce qui l'anime : chercher mon épanouissement maximum, et le partager. Je me dis que j'ai eu, dans ma vie, la chance maximum. La chance d'être, un jour du mois de mai 1988, tombé éperdument amoureux d'elle.

C'était justement sur la plage des Estagnots, entre les deux tours de l'élection présidentielle. J'avais tenu meeting à Mont-de-Marsan pour Jacques Chirac, en compagnie de Philippe de Villiers. Isabelle couvrait l'événement pour son journal, *La Croix*. Notre premier baiser fut léger comme une plume.

Notre histoire n'aurait pu être qu'une amourette de congrès, un homme politique dans sa quarantaine cherchant à « se taper » une minette journaliste de quinze ans sa cadette. Banal, banal. Quand je lui ai parlé d'amour, elle m'a répondu : « Je ne crois pas que ce soit une bonne idée. » Elle était mariée, avec deux enfants tout jeunes. Elle ne voulait pas les faire souffrir. J'ai persévéré, avec la ténacité de la passion. J'ai noirci des pages de déclarations enflammées ; moi qui suis toujours sec au téléphone, j'ai passé des heures à lui parler d'amour ; j'ai livré bataille comme pour prendre une place qui résiste. Je sentais que ma vie allait basculer. Dans le bonheur. Je ne me suis pas trompé. Depuis vingt ans – vingt ans, j'ai du mal à le croire ! – je rends grâce chaque jour à toutes les divinités spécialisées dans la chose amoureuse. Etrange relation que la nôtre. Tout nous prédestinait à l'échec : les turbulences de notre existence journalistico-politique, ou pis, la routine. Elle m'avait prévenu : « La passion ou rien. » C'est la passion. Avec sa violence parfois, ses inconstances, ses brûlures. Nos métiers nous séparent souvent. J'aime l'attendre. Attendre de la respirer, de la toucher. Elle me connaît par cœur, c'est le cas de le dire. Elle se trompe rarement sur ce qui est bon pour moi et sur ce qui ne l'est pas. Elle détecte de manière infaillible qui me veut du bien et qui me veut du mal. Car sa finesse intellectuelle n'est pas exempte de méfiance. Comme je ne l'écoute pas toujours, je m'en aperçois a posteriori. Ce qui me subjugue le plus en elle, sans doute parce je ne pratique pas cette vertu au même degré qu'elle, c'est sa générosité, le don de soi, envers moi, envers les enfants, les parents, les amis... parfois la Terre entière. Dans un monde d'égoïsmes et d'individualismes, j'ai la chance de vivre avec un être qui pense plus souvent aux autres qu'à soi-même.

C'est le chemin de la « vie bonne », comme dirait Luc Ferry.

J'ai compris que là est l'essentiel et que je ne suis plus prêt à sacrifier l'essentiel à l'accessoire.

Quand je me confie à Isabelle, elle me sourit d'un air complice et me murmure : « Je te crois. Mais je te connais. Tu as besoin d'agir. Quoi que tu décides, nous le ferons ensemble. »

# Table

*Cet ouvrage a été composé et imprimé par*
*CPI Firmin-Didot à Mesnil-sur-l'Estrée*
*pour le compte des Éditions Plon*

*76, rue Bonaparte*
*Paris 6e*
*en avril 2009*

*Imprimé en France*
Dépôt légal : mars 2009
N° d'édition : 14425 – N° d'impression : 94944